TURNER
THE SUN IS GOD
En collaboration avec la Tate

Fig. Autoportrait | *Self-Portrait*
vers 1799 | *c. 1799*
Huile sur toile | *oil paint on canvas*
74,3 × 58,4 cm
Acceptée par la nation comme part du Legs Turner en 1856 | *Accepted by the nation as part of the Turner Bequest 1856*

Fondation Pierre Gianadda
Martigny Suisse

TURNER
THE SUN IS GOD

En collaboration avec la Tate

Commissaire de l'exposition
David Blayney Brown

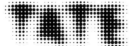

Du 3 mars au 25 juin 2025
Tous les jours de 10 h à 18 h

Fig. John Thomas Smith
Portrait de J.M.W Turner, R.A | *Portrait of J.M.W Turner, R.A*
Non datée | *date not known*
Huile sur toile | *oil paint on canvas*
48,6 × 39,1 cm
Présentée par Lord Duveen 1910 | *Presented by Lord Duveen 1910*

Cette exposition est placée sous le haut patronage de
Monsieur Alain Berset
Président de la Confédération suisse

Avec le soutien de

ainsi que

Fig. Martigny, pour l'Italie de Rogers | *Martigny, for Rogers's 'Italy'*
vers 1826-7 | *c. 1826-7*
Mine de plomb et pastel sur papier | *graphite and watercolour on paper*
25,3 × 28,6 cm
Acceptée par la nation comme part du Legs Turner en 1856 | *Accepted by the nation as part of the Turner Bequest 1856*

J'ai créé la Fondation Pierre Gianadda pour perpétuer le souvenir de mon frère Pierre, décédé tragiquement le 31 juillet 1976 en portant secours à ses camarades victimes d'un accident d'avion. C'était il y a 47 ans.

Depuis lors, la Fondation a déjà accueilli plus de 10 millions de visiteurs

The Sun is God

Le grand âge n'a pas que des inconvénients : il m'a notamment permis de tisser un réseau de relations aux retombées souvent imprévisibles, parfois exceptionnelles.

Ainsi, en 2004, un téléphone de Mahrukh Tarapor, sous-directrice au Metropolitan Museum of Art de New York :
- Léonard, voulez-vous reprendre l'exposition des **Trésors du monastère Sainte-Catherine du mont Sinaï** ?

Un autre jour, du British Museum de Londres :
- Seriez-vous intéressé par **La Beauté du corps dans l'Antiquité grecque** ?

C'est ainsi qu'en 2014 le *Discobole* trôna en majesté dans notre Temple de Mercure au cœur de la Fondation.

Le dimanche 16 octobre 2016, au Fouquet's à Paris, Patrick de Carolis, mon confrère sous la Coupole et directeur du Musée Marmottan-Monet :
- Veux-tu exposer *Impression soleil Levant*, dans le cadre de l'exposition **Hodler, Monet, Munch** ?
- Euh…. à quelles conditions ?
- Cadeau !

De tels exemples sont nombreux. Que dire du dernier en date, il y a quelques mois :
- *Quid* d'une exposition **William Turner** en collaboration avec la Tate de Londres ?

Un rêve aujourd'hui réalité.

* * *

Il y a une trentaine d'années, j'avais rendez-vous à Londres avec David Brown, conservateur à la Tate Gallery. Résultat, en 1999, **Turner et les Alpes** avec, cerise sur le gâteau, cinq dessins croqués par Turner lors de son passage à Martigny en 1802.

Durant cette exposition, notre galerie du Foyer présentait en écho aux Alpes de Turner des prises de vue du photographe et alpiniste Michel Darbellay.

* * *

Aujourd'hui, vingt-cinq ans plus tard, David Brown est à nouveau commissaire de **Turner. The Sun is God**. Et cette année encore, la Fondation présente dans la galerie du Foyer **Le Spectacle de la nature** de Michel Darbellay. Des photographies en regard des thèmes abordés par Turner.

Que tous les acteurs de cet évènement reçoivent mes plus sincères remerciements.

Léonard Gianadda
Président de la Fondation
Membre de l'Institut

David Brown
et Léonard
Gianadda
le 31.10.2022

Remerciements

La Fondation Pierre Gianadda exprime sa reconnaissance à Maria Balshaw, directrice de la Tate ainsi qu'à Neil McConnen, directeur des partenariats internationaux, qui ont permis la réalisation de cette exposition. Sa reconnaissance s'adresse tout particulièrement à David Blayney Brown, commissaire, ainsi qu'à Katie Chester, cheffe de projet.

La Fondation remercie également Manifesto, par Alexandre Colliex, qui a permis les échanges fructueux entre nos deux institutions.

Sa gratitude s'adresse aussi aux personnes qui, par leurs écrits, ont contribué à enrichir cet ouvrage :

Maria Balshaw
David Blayney Brown
Amy Concannon
Antoinette de Wolff

Enfin un merci à toutes les personnes qui ont apporté leur soutien à l'exposition :

M. François Boisivon
Mme Carina Callegaro
Mme Sophia Cantinotti
M. Luigi Cavadini
M. Didier Chammartin
Mme Lolita Convert
Mme Catherine Dantan
Mme Anouck Darioli
Mme Martha Degiacomi
Mme Simone Delorenzi
M. Claudio Diotallevi
Mme Giovanna Gaillard
Mme Cinzia Garcia
Mme Florence Gay-des-Combes
GK Sécurité SA
Mme Julia Hountou
M. Philippe Knecht
Mme Mary Linkins
Mme Valia Lamprou
M. Michael Magliano
M. Claude Margueret

Mme Veronique Melis
M. Pierre-André Murisier
M. Veton Osmani
Mme Pascale Pierroz
Mme Gaëlle Pierroz
M. Jean-Henry Papilloud
M. Pierre-Olivier Papilloud
Mme Giulia Perlasca
M. Mario Rebord
M. Fintan Ryan
Mme Hanna Robinson
Mme Dawn Somerville
The National Trust images
The Farm
Mme Claudia Thwaites
Mme Anne-Marie Valet
Mme Laura Weill
Mme Monique Zanfagna
M. Yves Zbinden
Mme Annabel Zermatten

Avant-propos

par Maria Balshaw
Directrice, Tate

On connaît Joseph Mallord William Turner (1775-1851) pour ses peintures de paysages grandioses et de marines tragiques. On le connaît moins, peut-être, pour ses aquarelles et ses esquisses plus intimes, qui plongent au cœur de sa nature impulsive et imaginative, sans cesse en quête d'expériences. Peu importe le médium. Sa maîtrise de la lumière, des couleurs et de l'atmosphère témoigne de la dévotion avec laquelle ce grand artiste a saisi les immenses forces de la nature, qui appellent l'humilité.

Des débuts précoces de Turner, dans les années 1790, aux sommets des œuvres qui marquent sa maturité, dans les années 1840, cette exposition explore sa fascination pour les phénomènes météorologiques et atmosphériques. L'œuvre de Turner est dynamique dans son contenu comme dans son traitement. Il transmet aussi bien les énergies de la nature que les changements sociaux, politiques et technologiques radicaux qui se manifestent autour de lui. Des paysages sublimes à l'exploration élémentaire de la composition de la lumière et de l'atmosphère, les œuvres vibrantes d'émotion de Turner l'ont consacré comme l'un des artistes britanniques les plus aimés.

La Tate a le privilège d'être la gardienne du Legs Turner, qui comprend plus de 30 000 œuvres sur papier, plus de 300 peintures à l'huile et plus de 280 carnets, qu'elle conserve au nom de la nation. De la composition complexe au griffonnage rapide, le legs, pris dans son ensemble, représente le riche témoignage visuel de l'effort de toute une vie. Les peintures de Turner sont parmi les œuvres de nos collections qui nous sont le plus fréquemment demandées, et ses aquarelles ne sont que parcimonieusement prêtées, en raison des exigences de leur préservation. Nous nous réjouissons donc de présenter au public suisse cette importante sélection de plus de 100 peintures et aquarelles.

J'adresse ma sincère gratitude à mes collègues de la Fondation Pierre Gianadda, en particulier à Léonard Gianadda et à Anouck Darioli. Cette exposition repré-

Foreword

by Maria Balshaw
Director, Tate

Many will know Joseph Mallord William Turner (1775-1851) as a painter of grand landscapes and dramatic maritime scenes. Others may know Turner for his more intimate watercolours and sketches, which get to the heart of his experimental, imaginative, and impulsive nature. Regardless of medium, Turner's mastery of light, colour and atmosphere, demonstrates the artist's devotion to capturing the vast, humbling forces of nature.

From Turner's early beginnings in the 1790s to his climactic works of the mid to late 1840s, this exhibition explores his fascination with meteorological and atmospheric phenomena. Turner's oeuvre is dynamic in content and treatment, channelling the energies of nature and the sweeping social, political and technological changes taking place around him. From sublime landscapes to elemental explorations of light and atmosphere, Turner's highly emotive works have cemented his position as one of Britain's most celebrated artists.

Tate has the privilege of being the custodians of The Turner Bequest, which comprises over 30,000 works on paper, 300 oil paintings and 280 sketchbooks held on behalf of the nation. Whether complex design or cursory doodle, the Bequest as a whole represents a rich, visual record of a lifetime's endeavour. Turner's paintings are among the most frequently requested works in our collection, and his watercolours are carefully rationed for their own preservation. Therefore, we are delighted to bring together this expansive selection of over 100 oil paintings and watercolours to audiences in Switzerland.

My sincere gratitude goes to my colleagues at Fondation Pierre Gianadda, in particular to Leonard Gianadda and Anouck Darioli. This exhibition represents the second collaboration between our organisations and our second time bringing Turner to Martigny. I am delighted that we have the opportunity to work together again after over twenty years. My thanks also go to

sente la seconde collaboration entre nos deux organisations et c'est aussi la seconde fois que Turner vient à Martigny. Je me réjouis que nous ayons la chance de travailler ensemble à nouveau après plus de vingt années. Mes remerciements vont aussi à l'équipe de la Tate, notamment à Katie Chester, Neil McConnon et Laura Weill, qui ont apporté à la conception de cette exposition leur créativité, leur générosité et leur rigueur. Notre gratitude s'adresse encore à Amy Concannon, pour l'article incroyablement passionné qu'elle offre à ce catalogue. Enfin, mes remerciements et non des moindres vont à David Blayney Brown, ancien conservateur en chef des collections historiques d'art britannique à la Tate. C'est pour nous un immense plaisir de poursuivre notre travail avec David et de partager son insatiable enthousiasme et sa profonde connaissance de Turner avec un public international.

the Tate team, especially Katie Chester, Neil McConnon and Laura Weill, who have approached this exhibition with creativity, dedication, and rigour. Our gratitude also goes to Amy Concannon for her incredibly passionate catalogue essay. Last but not least, my thanks go to David Blayney Brown, former Senior Curator, Historic British Art at Tate. It is our immense pleasure to continue working with David to share his insatiable enthusiasm and deep knowledge of Turner with an international audience.

Entrée de Millbank et extérieur du côté droit de la Tate Britain, Millbank, Londres, 2008 | *Millbank entrance & right side exterior of Tate Britain, Millbank, London, 2008*

The Sun is God

par David Blayney Brown
Commissaire

« The Sun is God. » Selon son jeune admirateur John Ruskin, Turner aurait prononcé ces paroles dans les ultimes semaines de sa vie, en 1851, alors que sa santé, déjà, se détériorait[1]. Des versions plus tardives suggèrent même que ce furent ses derniers mots, au matin du 19 décembre, comme s'en souvient son médecin : « Il faisait un temps très morne et sombre, mais juste avant neuf heures, le soleil sortit soudainement et pointa directement sur lui ses rayons, avec cet éclat qu'il aimait contempler[2]. » Si Turner n'espérait pas rencontrer son Créateur tandis qu'il tournait une dernière fois son regard vers le soleil, sans craindre d'abîmer ses yeux, peut-être fut-il saisi d'une de ces visions transcendantes d'un tunnel empli de lumière dont témoignent celles ou ceux qui ont approché la mort et en sont revenus ; ses œuvres, quoi qu'il en fût, parlent pour lui.

La lumière, dans les peintures de Turner, c'est la vie, avec la couleur et l'air, l'atmosphère – les qualités célébrées ici. Plutôt qu'une rétrospective chronologique, cette exposition se veut – nous espérons qu'elle l'est – une expérience immersive dans laquelle les œuvres s'inscrivent comme ces « points de temps » qu'évoque William Wordsworth, contemporain de Turner, dans son long poème autobiographique *Le Prélude*, qui se donne pour l'histoire de son imagination, ou comme l'après-image flottant dans la rétine que décrit le grand Johann Wolfgang von Goethe après qu'il a fixé le soleil. Les peintures dont on sait à quelle date Turner les exposa sont donc présentées entourées d'ébauches, d'esquisses et de pièces laissées inachevées, où l'on voit ses idées et ses observations aller et venir à la conscience. Certaines furent réalisées longtemps avant qu'il n'en tirât des peintures, d'autres des années après qu'un regard, une expérience les lui ont présentées à l'esprit. « À quoi pourraient-elles servir

---

[1] E. T. Cook et Alexander Wedderburn (dir.), *The Works of John Ruskin*, Londres, 1903-1912, vol. 22, p. 490.
[2] Dr Bartlett, dans A. J. Finberg, *The Life of J.M.W. Turner, R.A.*, Oxford, 2ᵉ éd., 1961, p. 438 (traduction originale, sauf mention contraire).

The Sun is God

by David Blayney Brown
Curator

According to his young admirer John Ruskin, Turner spoke these words some time during the last weeks of his life in 1851, when his health was failing.[1] Some later accounts even suggest they were his last, on the morning of 19 December when, as his doctor recorded, 'it was very dull and gloomy, but just before 9 a.m. the sun burst forth and shone directly on him with that brilliancy which he loved to gaze on'.[2] If Turner did not claim to be meeting his Maker as he looked into the sun one last time, no longer caring if it damaged his eyes, or was having one of those transcendental visions of a light-filled tunnel reported by survivors of near-death, his art speaks for him.

Light is life in Turner's paintings, with colour and atmosphere, the qualities celebrated in this exhibition. Rather than a chronological retrospective it is – hopefully – an immersive experience in which artworks register like the 'spots of time' recalled by Turner's contemporary William Wordsworth in his autobiographical poem The Prelude *as the history of his imagination, or the after-images that the German writer Johann Wolfgang von Goethe described floating on his retina after staring at the sun. Pictures Turner exhibited at known dates are surrounded by sketches, studies and unfinished works in progress in which his ideas and observations come in and out of focus. Some were made long before pictures were painted from them, others years after a sight or experience first put them in his mind. 'What is the use of them but together?' Turner once asked.[3]*

Looking at Turner's studio archive with the benefit of hindsight, some modern critics have seen a painter far outrunning his exhibited work – inventing Impres-

---

[1] E.T. Cook and Alexander Wedderburn (eds.), *The Works of John Ruskin*, *London 1903-12, vol.22, p.490.*
[2] *Dr Bartlett, in A.J. Finberg,* The Life of J.M.W. Turner, R.A., *Oxford, 2ⁿᵈ ed.1961, p.438.*
[3] *Cited in David Blayney Brown,* From Turner's Studio: Paintings and Oil Sketches from the Turner Bequest, *Tate Gallery, London 1991, p.11.*

si on ne les met pas ensemble ? » avait-il un jour demandé[3].

Dans les archives de son atelier, certains critiques modernes ont vu, avec le recul du temps, le travail d'un peintre qui était allé bien au-delà de ce qu'il avait exposé de son vivant et aurait inventé avant l'heure, l'impressionnisme, l'abstraction et l'expressionnisme. En 1966, alors qu'il visite une exposition Turner à New York, le peintre américain Mark Rothko s'amuse que son prédécesseur ait appris tant de choses de lui[4]. Le titre de cette exposition restée dans les mémoires, *Imagination et Réalité*, et l'attention prêtée dans le texte du catalogue, par le conservateur Lawrence Gowing, à la réception de l'art de Turner auraient pu mettre Rothko en garde contre ce que les apparences ont de trompeur. Même les œuvres du peintre londonien qui semblent les plus impressionnistes ont généralement été réalisées à l'atelier, et il ne peignait que très rarement dehors, à moins d'y être entraîné par des conditions inhabituelles ou persuadé par des amis, comme en 1813 dans le Devon, où il se laissa convaincre d'aller faire en extérieur, pour profiter du beau temps, quelques esquisses à l'huile. Cette expérience marque une période où il introduisait plus de naturalisme dans ses peintures de paysage, mais sans abandonner pour autant les conventions picturales. Pour une étude de l'estuaire du Plym (cat. 15), Turner choisit une vue avec un pont à mi-distance, un procédé caractéristique de la peinture de paysage. Si ses peintures achevées paraissent, avec leur manière vigoureuse, expressionnistes, elles ne sont jamais abstraites au sens moderne du terme.

L'abstraction de Turner est celle de l'air, de l'atmosphère, elle n'est ni formelle ni conceptuelle. En 1816, l'écrivain William Hazlitt – peintre lui-même – qualifiait les expositions de Turner d'« abstractions de perspectives aériennes […], non pas tant des choses de la nature que du milieu dans lequel elles sont vues […], des éléments de l'air, de la terre et de l'eau ». Il cite, en italiques pour souligner qu'il faudrait nuancer, l'opinion d'un autre critique affirmant que les œuvres de Turner ne sont que des « *peintures de rien, et très ressemblantes*[5] ». John Constable, le plus proche contemporain de Turner,

sionism, abstraction or Expressionism before their time. Visiting a Turner exhibition at the Museum of Modern Art in New York in 1966, the painter Mark Rothko joked that Turner had learned a lot from him.[4] The title of that now-legendary exhibition, Imagination and Reality, *and the close attention in the catalogue text by its curator Lawrence Gowing to the historical reception of Turner's art might have warned him that appearances were deceptive. Even Turner's seemingly most impressionistic work was usually made in the studio and he seldom painted outdoors unless prompted by unusual conditions or persuaded by friends – as in Devon in 1813 when they convinced him to take advantage of beautiful weather and try some oil sketches outdoors. The experiment came at a time when he was introducing greater naturalism into his landscape paintings, but not abandoning pictorial conventions. For a study of the Plym estuary he chose a view with a bridge in the middle distance, an archetypal landscape formula (cat. 15). If his finished pictures seem Expressionist in their bold handling, they are never abstract in the Modernist sense.*

Turner's abstraction was atmospheric, not formal or conceptual. In 1816, the writer William Hazlitt (himself a painter) described Turner's exhibits as 'abstractions of aerial perspective…not so properly of the objects of nature as of the medium through which they were seen…the elements of air, earth, and water'. He quoted another critic's opinion that Turner painted 'pictures of nothing, and very like' in italics to imply it should be qualified.[5] John Constable, his nearest contemporary rival as a landscape painter, said he painted with 'tinted steam'.[6] Neither Hazlitt nor Constable meant that Turner's pictures lacked subjects or ideas, but that he brought them to life with an extraordinary array of fugitive, ephemeral effects. Later, Ruskin hailed Turner as the foremost 'modern painter' for his understanding of natural phenomena, not always for his subjects which he sometimes disliked or misunderstood. For Turner himself, his countless coloured sketches of clouds, waves, skies, weather, and scenery made as he travelled in Britain and continental Europe – and afterwards in his inn, hotel or studio – were raw materials, not finished works of art. We need only observe how showers and rainbows migrated from sketches into watercolours

---

[3] Cité dans David Blayney Brown, *From Turner's Studio: Paintings and Oil Sketches from the Turner Bequest*, Tate Gallery, Londres, 1991, p. 11. Voir aussi David Blayney Brown et Pierre Curie (dir.), *Turner, peintures et aquarelles, collections de la Tate*, catalogue d'exposition, musée Jacquemart-André, Bruxelles, fonds Mercator, 2020.
[4] Cité dans E. B. Breslin, *Mark Rothko. A Biography*, Chicago 2012, p. 666.
[5] Hazlitt, *The Examiner*, 1816, dans Evelyn Joll, Martin Butlin et Luke Herrmann (dir.), *The Oxford Companion to J.M.W. Turner*, Oxford, 2001, p.136.

[4] *Cited in E.B. Breslin,* Mark Rothko. A Biography, *Chicago 2012, p.666.*
[5] *Hazlitt,* The Examiner, *1816, in Evelyn Joll, Martin Butlin and Luke Herrmann (eds.),* The Oxford Companion to J.M.W. Turner, *Oxford 2001, p.136.*
[6] *Constable, 12 May 1836, in Leslie Parris, Ian Fleming-Williams and Conal Shields,* Constable: Paintings, Watercolours & Drawings, *exhibition catalogue, Tate Gallery, London 1976, p.186.*

et son rival dans la peinture de paysage, disait qu'il peignait avec une « vapeur de couleur[6] ». Ni Hazlitt ni Constable ne signifiaient que les tableaux de Turner étaient dépourvus de sujets ou d'idées, mais qu'il les amenait à la vie avec une palette extraordinaire d'effets éphémères, fugaces. Plus tard, Ruskin salua en Turner le « précurseur des peintres modernes » pour sa compréhension des phénomènes naturels, pas toujours pour ses sujets, que parfois il n'aimait ou ne comprenait pas. Pour Turner lui-même, ses innombrables études en couleurs de nuages, de vagues, de ciels, du temps qu'il fait et du paysage lors de ses voyages en Grande-Bretagne ou sur le Continent – complétées à l'auberge, à l'hôtel ou dans l'atelier – constituaient une matière première, non des œuvres achevées. Il nous suffit d'observer comment les averses et les pluies sont passées des esquisses aux aquarelles comme celles des fleuves et des ports d'Angleterre, conçues pour la gravure (cat. 10-11), ou d'assister au lever ou au coucher du soleil sur les empires antiques de certaines de ses plus remarquables peintures d'histoire pour comprendre comment sa vision et sa perception, sa mémoire et son imagination ont été recomposées dans son œuvre et filtrées par la succession des supports. Turner disait de certaines de ses études qu'elles étaient des « débuts ». D'autres, qui n'allèrent pas plus loin – que la forme sous laquelle elles nous plaisent aujourd'hui, pourraient être considérées comme des exercices, ce que sont les gammes pour un pianiste.

Constable, rencontrant Turner pour la première fois lors d'un dîner, en 1813, le trouva « grossier, mais d'une merveilleuse largeur d'esprit[7] ». Ces observations sonnent vrai, toutes deux. Fils d'un barbier londonien, mû par son talent et sa vive intelligence, Turner accéda très jeune à la célébrité. Il n'avait que quatorze ans lorsqu'il fut admis aux cours de la Royal Academy, en 1789, et il en fut élu membre en 1802, dès que son âge le permit. S'étant d'abord fait un nom avec ses aquarelles de petits paysages et de dessins topographiques, destinées à des collectionneurs ou à des graveurs, il contribua à populariser les grandes expositions d'aquarelles, rivalisant avec la peinture à l'huile, puis s'y inscrivant lorsqu'il eut terminé sa formation de peintre, exposant en 1796 sa première toile, une marine au clair de lune, au large de l'île de Wight. Il passait déjà ses étés à voyager, à recueillir les matériaux dont il ferait l'hiver venu des peintures pour les expositions du printemps suivant.

like those of English rivers and ports designed for reproduction as prints (cats. 10-11), or witness the sun rising and setting on ancient empires in some of his grandest history pictures to see how vision and perception, memory and imagination became synthesised in his work and filtered through different media. Turner called some of his sketches 'beginnings'. Others went no further and – much as they delight us today – might be thought of as exercises, like a pianist's scales.

Constable, meeting Turner for the first time at a dinner in 1813, found him 'uncouth' but with a wonderful range of mind'.[7] Both observations ring true. The son of a London barber, Turner became famous very young, propelled by talent and keen intelligence. He entered the Royal Academy Schools in 1789, aged fourteen, and was elected an Academician (RA) by 1802 at the youngest possible age. First making his name with small landscape and topographical watercolours for collectors and engravers, he helped set a fashion for large exhibition watercolours competing with oil painting, and graduated to oil itself, showing his first canvas in 1796 - a moonlit marine, set off the Isle of Wight. Already he was spending his summers travelling, collecting material to turn into pictures during the winter for the next spring exhibitions. His unconventional techniques, 'driving his colours about' to release 'the idea in his mind' at the time, attracted admiring comment.[8] He had ideas in abundance. Established mainly to train historical and subject painters, the Academy set a high intellectual bar by encouraging study of Greek and Roman history, classical mythology and the European Old Masters as well as theory and practice. Turner chose landscape, less valued as a genre, and to overcome hierarchical prejudice by pushing its boundaries as far as his generation could imagine, and beyond, situating human experience in the greater natural world.

As early as 1807 he felt sufficiently in command of his field to begin a series of prints after his own designs, a Liber Studiorum *representing the categories of landscape as he then understood them – pastoral, 'epic' or 'elevated' pastoral, mountainous, marine, architectural, and historical with classical stories (cats. 22-24). Reflecting an Enlightenment urge to define and classify things, this thematic taxonomy could not long survive the creative individualism of his Romantic generation*

---

[6] Constable, 12 mai 1836, dans Leslie Parris, Ian Fleming-Williams et Conal Shields, *Constable: Paintings, Watercolours & Drawings*, catalogue d'exposition, Tate Gallery, Londres, 1976, p. 186.
[7] Constable, dans R. B. Beckett (dir.), *John Constable's Correspondence*, vol. 2, Ipswich, 1964, p. 110.

[7] *Constable, in R.B. Beckett (ed.),* John Constable's Correspondence, *vol.2, Ipswich 1964, p110.*
[8] *Joseph Farington, Diary, 16 November 1799, in Kenneth Garlick and Angus Macintyre (eds.),* The Diary of Joseph Farington, *New Haven and London, vol.6, p.1303.*

Ses techniques peu conventionnelles – il « pose la couleur » où il veut pour exprimer « l'idée [qu'il avait] en tête » –, lui valent des commentaires admiratifs[8]. Et il a des idées à foison. Créée principalement pour former des peintres d'histoire et de figures, l'Académie a de hautes exigences intellectuelles, encourageant l'étude de l'histoire grecque et romaine, de la mythologie classique et des maîtres anciens tout autant que la théorie et la pratique. Turner choisit le paysage, moins prisé comme genre, et entreprend de surmonter les préjugés de hiérarchie en repoussant ses frontières aussi loin qu'il est possible pour sa génération, plaçant l'expérience humaine au sein du grand monde de la nature.

Dès 1807, Turner se sent suffisamment maître de son sujet pour commencer une série d'estampes illustrant ses conceptions. Ce *Liber Studiorum* (« Livre d'études ») représente les paysages comme il les entend, classés par catégories – pastorale, « épique » ou pastorale « élevée », montagne, marine, architecture et historique selon le canon des récits classiques (cat. 22-24). Traduisant le besoin de définition et de classification des Lumières, cette taxonomie thématique ne pouvait survivre longtemps à l'individualisme créateur du romantisme ni à la puissance d'invention de l'artiste. Au cours des quarante années qui suivirent, aucun artiste britannique ne put rivaliser avec Turner quant à l'étendue des thèmes abordés – scènes idéales ou de vie quotidienne ; sujets historiques, modernes, urbains et industriels ; topographie britannique et européenne ; misères de la guerre ; illustrations pour la littérature ; grand art et arts populaires, hommages à Rembrandt, à Claude Lorrain, à Poussin, Titien, Raphaël et Canaletto (il va jusqu'à représenter ces deux derniers) et, ce qui est sans autre exemple pour un peintre sérieux, la technologie à l'âge de la vapeur. C'est donc Turner qui marqua la transition de la voile à la vapeur sur les mers (cat. 92-93) et qui le premier accrocha aux murs de la Royal Academy un train (cat. 95). Ses tableaux étaient des spectacles – et des performances lorsqu'il les complétait les jours de vernissage devant ses collègues ahuris qui pensaient voir là une sorte d'alchimie. Dynamique dans son contenu comme dans son traitement, en évolution constante et se réinventant elle-même, canalisant les énergies de la nature et témoin, comme son créateur, des changements sociaux, politiques et technologiques décisifs du temps, l'œuvre de Turner ne pouvait manquer de prêter à controverse. Pour ses admirateurs, dont Ruskin, il était le plus grand. On dit que la reine Victoria le tenait pour fou.

or his own powers of invention. For the next forty years no British artist could match his scope – ideal scenery and everyday life; historical, modern, urban and industrial subjects; British and European topography; warfare; illustrations to literature; High Art and popular art; homages to Rembrandt, Claude Lorrain, Poussin, Titian, Raphael and Canaletto (the last two masters appearing in his homages to them) and, uniquely for a serious painter, steam age technology. Inevitably, it was Turner who marked the transition from sail to steam at sea (cats. 92-93) and first put a train on the walls of the Royal Academy (cat. 95). His pictures were spectacles – and performances when completed during the Academy's Varnishing Days in front of colleagues who thought they were watching a kind of alchemy. Dynamic in content and treatment, constantly evolving and re-inventing itself, channelling the energies of nature and the sweeping social, political and technological changes taking place around him, his work could not fail to be controversial. For admirers like Ruskin he was the greatest of the age. Allegedly, Queen Victoria thought he was mad.

There may have been madness, or something like it, in his family. His mother was committed to an asylum following outbreaks of hysteria or violent anger. Probably too scarred to talk about it or fearful of repetition, he ploughed his energies into his work, was wary of close relationships and never married, keeping mistresses and children in the shadows. Reclusive in old age, he let his once-handsome London house, and the private gallery he had built as he became rich, descend into squalor. Did darkness in life turn him towards light in his art? Art historians should avoid amateur psychology but Ruskin may have had a point when he compared Turner's upbringing in 'darksome' Georgian London with Giorgione's in the lucent air of Renaissance Venice.[9] Perhaps Turner had told him about his childhood in a gloomy alley in Covent Garden, and his attic bedroom with a small window overlooking smoking chimneys that turned winter days into night. As industrial emissions added to domestic smoke, what Ruskin later called the 'storm cloud of the nineteenth century'[10] settled over England. Turner did not live to see it at its worst. The continual darkness that enveloped the world in 1816, creating a 'year without a summer' in Britain and Europe, was not caused by industrial pollution but followed a volcanic eruption in the East Indies, and the skies eventually cleared. The sombre tones in Turner's early work – so distinct from his vivid later palette –

---

[8] Joseph Farington, Journal, 16 novembre 1799, dans Kenneth Garlick et Angus Macintyre (dir.), *The Diary of Joseph Farington*, New Haven et Londres, vol. 6, p. 1303.

[9] *Ruskin,* Works, *vol. 7, pp.385-6.*
[10] *Ruskin, lectures at the London Institution, 4 and 11 February 1884.*

Il y eut peut-être de la folie, ou ce qui y ressemble, dans sa famille. Sa mère fut confiée à un asile après des accès d'hystérie, voire de violence. Probablement trop effrayé pour en parler ou par crainte que la chose ne se répète en lui, Turner consacre toute son énergie à son travail et, se méfiant des relations trop intimes, ne se mariera jamais, maintenant dans l'ombre ses maîtresses et ses enfants. Reclus dans son vieil âge, il laisse se dégrader jusqu'au sordide sa belle demeure londonienne et la galerie privée qu'il avait construite lorsqu'il était devenu riche. Les ténèbres de la vie l'ont-elles poussé vers la lumière dans l'art ? Si les historiens doivent se garder de la psychologie d'amateur, Ruskin touche peut-être à la vérité lorsqu'il oppose le Londres géorgien « enclin à la noirceur » où Turner a grandi et l'atmosphère lumineuse de la Venise de Giorgione à la Renaissance[9]. Peut-être Turner lui a-t-il conté son enfance, dans une ruelle sombre de Covent Garden, et décrit sa chambre au grenier, donnant sur des cheminées fumantes qui transformaient en nuits les journées d'hiver. Les émissions industrielles s'ajoutant aux fumées domestiques, ce que Ruskin nomma plus tard le « nuage lourd du XIXe siècle[10] » s'étendait sur l'Angleterre. Turner ne devait toutefois pas en voir la manifestation la plus extrême. En 1816, un ciel continuellement sombre sembla envelopper le monde et précipita la Grande-Bretagne et l'Europe dans « une année sans été ». La pollution industrielle, cependant, n'était pas en cause, mais une éruption volcanique dans les Indes orientales néerlandaises, aujourd'hui l'Indonésie, et le ciel finit par s'éclaircir. Les tons sombres des premières œuvres de Turner, si différents de la palette vive qu'il adoptera plus tard, ne témoignaient pas toujours de ce qu'il voyait autour de lui (bien qu'ils conviennent à certaines de ses vues d'Écosse, du Pays de Galles ou des Alpes) mais de ce qu'il connaissait des peintures qu'on lui avait appris à admirer. Elles n'étaient pas toujours sombres, mais avaient été « assourdies par le temps », créant ainsi des attentes que la théorie et le goût avaient finalement consacrées.

Constable, partisan d'une peinture « naturelle », posa un jour un vieux violon au sol pour convaincre sir George Beaumont, collectionneur aux goûts traditionalistes, peintre amateur et sceptique devant l'œuvre de Turner, que l'herbe était verte et non pas brune. Pour Beaumont, un paysage devait comporter un arbre – brun. En même temps qu'il dépassait ces conventions usées, Turner étudiait l'optique, la théorie et le traitement de la couleur, et il adoptait avec enthousiasme les nouveaux pigments,

---
[9] Ruskin, *Works* (*op. cit.*), vol. 7, pp. 385-386.
[10] Ruskin, conférences à la London Institution des 4 et 11 février 1884.

were not always what he saw around him (though appropriate to some of his views in Scotland, Wales or the Alps) but what he knew from pictures he was taught to admire. If not always dark they had been 'subdued by time', creating expectations that became embedded in theory and taste.

Constable, advocate of 'natural' painting, once put an old violin on the ground to convince a traditionally minded collector, amateur painter and Turner sceptic, Sir George Beaumont, that grass was green not brown. Beaumont thought every landscape should contain a brown tree. As he outgrew these tired conventions Turner studied optics, colour theory and process and was an enthusiastic adopter of new and brighter pigments. He interested himself in emerging natural sciences, geology and climatology.[11] Yet he did not see colour as purely realistic, but as a state of mind with its own expressive language. In notes and lectures he recognised that the 'historical colour' of artists like Rembrandt and Poussin had been muted and mellowed to lift their subjects – ordinary or profound – above everyday reality. Lecturing on 'Backgrounds' in art as the Royal Academy's Professor of Perspective, he argued that Rembrandt had 'depended on his chiaroscuro, his bursts of light and dark, to be felt' and used shadow to create 'a mysterious doubt', 'a veil of matchless colour' that the eye 'thinks it a sacrilege to pierce'.[12] His own study of darkness and how to paint it extended to using pure black (which most painters thought vulgar) and wishing he could find one that was even blacker. Fascinated by contrast and paradox, he made liberal use of white and sought out the most brilliant yellows.

In a pair of pictures of the biblical Flood – the evening before and the morning after – exhibited in 1843, Shade and Darkness *(Fig. 1) and* Light and Colour *(Fig. 2) Turner investigated Goethe's 'theory' of the spectrum and the visual and emotional values of its opposite extremes, cold and warm, dark and light[13] and whether colour is the product of their interaction or of light alone. Always inclined to associate colour with time, whether deep historical time or the times of day, he had already pictured the dualism of light in dark in*

---
[11] *For Turner's optical and scientific interests, James Hamilton,* Turner and the Scientists, *exhibition catalogue, Tate Gallery, London 1998; Mark Francis and Jonathan Crary,* The Sun is God, *exhibition catalogue, Tate Liverpool 2000; Inés Richter-Musso and Ortrud Westheider (et al),* Turner and the Elements, *Bucerius Kunst Forum, Hamburg 2011.*
[12] *Turner, 1811, in Jerrold Ziff, '"Backgrounds: Introduction of Architecture & Landscape". A Lecture by J.M.W. Turner', Journal of the Warburg and Courtauld Institutes, 26 (1963), p.145.*
[13] *Goethe,* Farbenlehre, *1810, translated by Charles Eastlake,* Theory of Colour, *London 1841.*

Fig. 1
Ombres et Ténèbres – le Soir du Déluge |
Shade and Darkness – the Evening of the Deluge
Exposée en 1843 | *exhibited 1843*
Huile sur toile | *oil paint on canvas*
78,7 × 78,1 cm
Acceptée par la nation comme part du Legs Turner en 1856 |
Accepted by the nation as part of the Turner Bequest 1856

plus lumineux. Il s'intéressait à la géologie et à la climatologie, toutes récentes sciences naturelles[11]. Il ne considérait pourtant pas la couleur comme quelque chose de purement réaliste, mais plutôt comme un état d'esprit doté de son propre langage expressif. Dans ses notes et dans ses conférences, il constatait que la « couleur historique » d'artistes comme Rembrandt et Poussin avait été assombrie et adoucie pour hausser leur sujet – trivial ou profond – au-dessus de la réalité quotidienne. Dans une conférence donnée sur les arrière-plans dans l'art comme professeur de perspective de la Royal Academy, il affirme que Rembrandt avait « besoin de son clair-obscur, de ses éclatements de lumière et d'obscurité, pour être *senti* » et qu'il se servait de l'ombre pour créer une « incertitude mystérieuse », un « voile de couleur sans pareil », que l'œil « considère comme un sacrilège de percer[12] ». Quant à lui, son étude de l'obscurité et de la manière de la peindre s'étend à l'usage du noir pur (que la plupart des peintres trouvaient vulgaire) et au souhait d'en découvrir un qui fût encore plus noir. Fasciné par le contraste et le paradoxe, il utilise généreusement le blanc et recherche les jaunes les plus éclatants.

Dans une paire de peintures du Déluge biblique – le soir d'avant et le matin d'après –, exposées en 1843, *Ombres et Ténèbres* (Fig. 1) et *Lumière et Couleur* (Fig. 2), Turner explore la « théorie » du spectre des couleurs de Goethe et les valeurs visuelles et émotionnelles de ses deux extrémités opposées, le froid et le chaud, l'obscurité et la lumière[13] : la couleur est-elle

Fig. 2
Lumière et couleur (théorie de Goethe) – le Matin après le Déluge – Moïse écrivant le livre de la Genèse |
Light and Colour (Goethe's Theory) – the Morning after the Deluge – Moses Writing the Book of Genesis
Exposée en 1843 | *exhibited 1843*
Huile sur toile | *oil paint on canvas*
78,7 × 78,7 cm
Acceptée par la nation comme part du Legs Turner en 1856 |
Accepted by the nation as part of the Turner Bequest 1856

---

[11] Sur l'intérêt que portait Turner à l'optique et à la science, voir James Hamilton, *Turner and the Scientists*, catalogue d'exposition, Tate Gallery, Londres, 1998 ; Mark Francis et Jonathan Crary, *The Sun is God*, catalogue d'exposition, Tate Liverpool, 2000 ; Inés Richter-Musso et Ortrud Westheider (*et al.*), *Turner and the Elements*, Bucerius Kunst Forum, Hambourg, 2011.

[12] Turner, 1811, dans Jerrold Ziff, « " Backgrounds: Introduction of Architecture & Landscape ". A Lecture by J.M.W. Turner », *Journal of the Warburg and Courtauld Institutes*, vol. 26 (1963), p.145.

[13] Johann Wolfgang von Goethe, *Zur Farbenlehre* (1810), *Traité des couleurs*, trad. Henriette Bideau, Paris, Triades, 2000 ; *Matériaux pour l'histoire de la théorie des couleurs*, trad. Maurice Élie, Toulouse, Presses universitaires du Mirail, 2003.

le produit de leur interaction, ou bien n'est-elle que lumière ? Toujours enclin à associer couleur et temps, qu'il s'agisse du temps de l'histoire ou de celui du quotidien, Turner a déjà peint le dualisme de la lumière et de l'obscurité dans des vues du district des Lacs au lever et au coucher du soleil, *Matin sur la montagne de Coniston* et *Le Lac Buttermere* (cat. 29-75), exposées en 1798. Il les montre accompagnées de citations des poètes anglais, l'une du *Paradis perdu* (1667-1674) de John Milton – « Vous, brouillards et exhalaisons qui en ce moment, gris ou ternes, vous élevez de la colline ou du lac fumeux jusqu'à ce que le soleil peigne d'or vos franges laineuses[14] » –, l'autre des *Saisons* (1726-1730) de James Thomson – « [...] Le soleil penchant vers son déclin [...] change en lames d'or des nuages voisins : [...] ses rayons [...] éclairent un brouillard jaunissant. [...] L'arc-en-ciel au même instant [...] se déploie [...] et développe toutes les couleurs premières [...][15]. » En réalité, l'arc-en-ciel du lac Buttermere de Turner ne déploie pas les couleurs du prisme, mais apparaît plutôt comme un arc de brume, blanc dans l'air plus sec. Ces peintures, les plus « atmosphériques » des premières œuvres de Turner, dans lesquelles toute la nature se meut et change, démontrent déjà combien il comprend que la lumière est couleur et la source de l'art, qui détermine l'étendue de ce que nous voyons et comment nous le voyons – son absence cache les choses, sa présence les porte au relief ou les efface, éblouissante, aveuglante, les dissout, les porte à la transcendance.

« Si c'est indistinct, c'est ma faute », disait Turner, ou peut-être « ma force », dans son accent cockney londonien[16]. En 1807, il expose une peinture de la côte hollandaise, dont le titre commence ainsi : *Lever de soleil dans la brume* (Fig. 3). Quelques années plus tard, écrivant à son acheteur, il évoque cette fois un soleil « chassant Le Brouillard matinal » ou nomme le tableau, tout simplement, « Brume »[17]. Tout autant que les pêcheurs sur la grève, le sujet en est la lumière imprégnant l'atmosphère et qui donne à la peinture une lueur intérieure. À la même époque, Turner commence à préparer certaines de ses toiles avec un fond presque blanc, qui, lorsqu'il est couvert de fines couches de glacis, semble briller au travers, éclairant les tons comme

Fig. 3
Lever de soleil dans la brume | *Sun Rising through Vapour*
Avant 1807 | *before 1807*
Huile sur toile | *oil paint on canvas*
134 × 179,5 cm
Legs Turner 1856 | *Turner Bequest 1856*
The National Gallery, London

sunrise and sunset views of the English Lake District, Morning among the Coniston Fells *and* Buttermere Lake *exhibited in 1798 (cats. 29-75). He showed them with quotations from English poetry, one from John Milton's* Paradise Lost *(1667/1674) describing 'mists and exhalations' dispersing as 'the sun paints [them] with gold', the other adapted from James Thomson's* The Seasons *(1726-30) on a 'downward sun' whose 'radiance' creates a 'yellow mist' and a rainbow in which 'every hue unfolds'. In fact Turner's Buttermere rainbow is not prismatic but a rarer fog bow, white in drier air. These most atmospheric of his early pictures, in which all nature is moving and changing, already demonstrate Turner's understanding that light is colour and the source of art. It conditions how much we see and how we see it – its absence concealing things, its presence dazzling, blinding, throwing them into relief or blurring them into dissolution and transcendence. 'Indistinctness is my fault' Turner said, or perhaps it was 'forte' in his London Cockney accent.[14] In 1807, he exhibited a picture of the Dutch coast with a title beginning* Sun Rising through Vapour *(Fig. 3). Writing to its purchaser some years later, he offered an alter-*

---

[14] John Milton, *Le Paradis perdu*, livre V, trad. François-René de Chateaubriand, 1836, par ex., Paris, Renault et Cie, 1861, p. 103 (NdT).

[15] James Thomson, *Les Saisons*, Paris, Pissot et Nyon l'Aîné, 1779, [trad. Mme Bontemps], p. 13 (NdT).

[16] Voir Adele M. Holcomb, « "Indistinctness is my fault": A Letter about Turner from C.R. Leslie to James Lenox », *The Burlington Magazine*, vol. 114 (1972), pp. 555-558.

[17] Turner à Sir John Leicester, le 16 décembre 1818, dans John Gage (dir.), *The Collected Correspondence of J.M.W. Turner*, Oxford, 1980, p. 75.

---

[14] *See Adele M. Holcomb, "'Indistinctness is my fault': A Letter about Turner from C.R. Leslie to James Lenox',* The Burlington Magazine, *114 (1972), pp. 555-8.*

le papier blanc à travers la transparence de l'aquarelle. Beaumont se met à l'appeler le « peintre du blanc », ce qui n'est pas un compliment, mais l'habileté de Turner à exploiter les surfaces sur lesquelles il travaille, que ce soit la toile ou des papiers blancs ou de couleur, pour obtenir le meilleur des huiles, de l'aquarelle ou de la gouache qu'il y dépose devient un trait fondamental de sa pratique. Tout comme ses premières aquarelles pouvaient autrefois imiter la peinture à l'huile, ses peintures tirent parti de sa maîtrise du liant à l'eau. L'éclairage diffus d'œuvres comme *Lever de soleil* n'est pourtant pas seulement une affaire de technique ; il s'origine dans la lumière de deux maîtres du passé, Claude Lorrain et Albert Cuyp. La conférence que donne Turner sur les « arrière-plans » fait l'éloge de l'« éther coloré d'ambre » et des « qualités aériennes de distance, des lumières aériennes, de la couleur aérienne » de Claude et loue les « tons dorés de la vapeur ambiante[18] » chez Cuyp. Dans les années 1840, Ruskin pensait que Turner reléguait dans l'ombre ses deux prédécesseurs : s'ils avaient peint le soleil qui brille, Turner seul lui avait donné sa couleur[19].

De 1793 à 1815, la guerre avec la France révolutionnaire, puis napoléonienne, confina presque tout le temps Turner en Grande-Bretagne. Lorsqu'il peignit *Lever de soleil*, il n'avait pas vu la Hollande et il ne se rendit pas en Italie, où Claude avait passé l'essentiel de sa carrière, avant 1819. En 1802, lorsque cessent un temps les hostilités, après la paix d'Amiens, Turner traverse la Manche pour rejoindre la France, puis la Suisse, et il séjourne plusieurs semaines à Paris – il hante le Louvre et ses collections historiques, ouvert depuis la Révolution au public. On peut considérer ses spectaculaires études du col du Saint-Gothard – le lieu le plus proche de l'Italie (cat. 9) où il se soit jusqu'alors rendu – ou des Contamines à l'aube – souvenir d'un réveil au point du jour avant une longue excursion en montagne (cat. 86) – comme sa réponse au pittoresque parfois sombre des scènes alpestres. Des années plus tard pourtant, dans des études d'aquarelle de l'Isère à Grenoble (cat. 3 à 6), d'après des dessins réalisés en 1802 en noir et blanc sur du papier chamois (cat. 7), il introduit un soleil éclatant qui pourrait être inspiré des ports méditerranéens radieux de Claude. Turner n'a pas copié Claude au Louvre, comme il l'a fait des autres maîtres anciens, peut-être parce que Claude, comme Cuyp, était abondamment représenté dans les collections privées anglaises dont les propriétaires achetaient ses propres œuvres. Pour *Apulia à la recherche d'Apulus*

native, "dispelling the Morning Haze" or "Mist".[15] As much as fishermen on a beach, the subject is light suffusing the atmosphere and giving the picture an inner glow. Around this time, Turner began priming some of his canvases with a near-white ground, which when over-painted with thin glazes, shone through, lightening their tone like white paper through transparent watercolour. Beaumont took to calling him a 'white painter'. This was not a compliment but Turner's skill in exploiting his working surfaces, whether canvas, white or coloured papers to get the best out of the oils, watercolour or gouache he put on them became fundamental to his practice. Just as his early watercolours sometimes imitated oil painting, so his paintings benefited from his mastery of water-based media. The diffused lighting in pictures like Sun Rising *was not only a technical development, however, but built on past masters of light, Claude Lorrain and Aelbert Cuyp. Turner's 'Backgrounds' lecture praised Claude's 'amber-coloured ether' and 'aerial qualities of distance, aerial lights, aerial colour', and Cuyp's 'golden tones of ambient vapour'.[16] By the 1840s, Ruskin thought Turner put both artists in the shade. They had painted* 'sunshine. Turner alone, the sun colour'.[17]

War with revolutionary and Napoleonic France (1793-1815) largely confined Turner to Britain. He had not seen Holland when he painted Sun Rising *and did not reach Italy, where Claude spent most of his career, until 1819. He first knew them from pictures. In 1802, while hostilities paused after the Peace of Amiens, he crossed the Channel to France and Switzerland, and spent several weeks in Paris – haunting the Louvre and its historic collections open since the Revolution. His response to the sometimes gloomy Alpine scenery can be seen in his spectacular studies of the St Gotthard Pass, the nearest he got to Italy (cat. 9), or of Les Contamines at dawn, recalling his experience of rising early for a long mountain trek (cat. 86). But years later, in studies for watercolours of the River Isère at Grenoble (cats. 3-4-5-6) based on drawings made in 1802 in black and white on buff paper (cat. 7), he introduced brilliant sunshine that could have come from Claude's radiant Mediterranean seaports. He did not copy or comment on the Louvre's Claudes as he did other masters, perhaps because Claude, like Cuyp, was richly represented in British private collections whose owners bought his own pictures. He based* Apullia in Search of Appullus *(1814) on a Claude of a different*

---

[18] Turner dans Ziff (1963), *op. cit.*, pp. 144 (pour Claude) et 146 (pour Cuyp).
[19] Ruskin, *Works* (*op. cit.*), vol. 5, p. 407.

---

[15] *Turner to Sir John Leicester, 16 December 1818, in John Gage (ed.),* The Collected Correspondence of J.M.W. Turner, *Oxford 1980, p.75.*
[16] *Turner in Ziff 1963, pp.144 (Claude), 146 (Cuyp).*
[17] *Ruskin,* Works, *vol.5, p.407.*

(1814), il s'appuie sur un tableau de Claude, au sujet différent, appartenant au comte d'Egremont, et un autre mécène des débuts, le marquis de Stafford, possédait une peinture de Claude du même épisode des *Métamorphoses* d'Ovide (cat. 20). Jadis au désespoir de pouvoir un jour peindre comme Claude, il semble que Turner ait exposé ce qui, au premier regard, pouvait être à tort pris pour une copie de la peinture de la collection d'Egremont pour subvertir l'idée d'imitation (Apulus fut puni d'avoir voulu imiter des nymphes) et sa version n'est pas tant une réplique qu'une métamorphose en elle-même. Les différences dans la composition et les figures sont nombreuses et l'atmosphère plus chaude doit avoir effacé cet effet « froid, morne et lourd » que ressentait Constable à la vue de l'original (peut-être un peu sale) de Claude[20].

Turner n'oublia jamais ce qu'on lui avait enseigné à la Royal Academy : l'art, et plus encore le paysage, qui ne doit pas, comme le portrait, imiter, s'élève de recourir aux sujets et associations mythologiques. Mais il peint ses esquisses pour les « paysages historiques » avec Apulus (cat. 19) ou Didon et Énée (cat. 18) dans un langage qui lui est propre. Plus que des répétitions des vieux mythes et des vieilles histoires (plus familières alors au public qu'elles ne le sont aujourd'hui), ce sont des allégories de la nature et des saisons, du bien et du mal, de l'amour et du deuil – thèmes sans âge qui jamais ne meurent. Il a une prédilection pour les sujets qui apportent la lumière dans les ténèbres et les Lumières de l'entendement à ce qui est encore primaire et fruste. Dans une de ses premières peintures (1802, Tate Gallery), reproduite à l'occasion de son *Liber Studiorum*, Jason recherche la Toison d'or dans une grotte obscure gardée par un serpent. Dans *Apollon et Python* (1811), un autre reptile terrifiant est vaincu par le dieu du soleil et de la lumière (mais aussi de la poésie et de la musique, que Turner apprit à aimer) (cat. 73). Dans *Le Rameau d'or* (1834), la Sibylle de Cumes offre à Énée le rameau sacré qu'il emportera dans le monde souterrain pour retrouver l'ombre de son père et apprendre son avenir. Ruskin fut le premier de nombreux critiques à sentir dans ces peintures quelque chose d'autobiographique, le renouvellement créatif qui permettait à Turner de rompre avec les imitations littérales des peintres plus anciens et de donner aux forces élémentaires qui avaient inspiré les mythes une vigueur nouvelle. *Le Rameau d'or* opère sa magie dans une brume chatoyante que seul Turner peut avoir peinte. *L'Histoire d'Apollon et Daphné* (1837),

subject belonging to the Earl of Egremont, and another early patron, the Marquess of Stafford, owned Claude's picture of the same incident from Ovid's Metamorphoses *(cat. 20). Having once despaired of being able to paint like Claude he seems to have exhibited what at first glance could be mistaken for a copy of Egremont's picture to subvert the idea of imitation (Apullus was punished for mimicking a group of nymphs), and his version is not really a replica but a metamorphosis in itself. There are differences in the composition and figures, and Turner's warmer atmosphere must have relieved the 'cold, dull and heavy' effect that Constable saw in Claude's (perhaps then not very clean) original.[18]*

Turner never forgot what he had been taught at the Royal Academy, that art – especially landscape if it was not to be imitative like portraiture – was elevated by historical or mythological subjects and associations. But he turned sketches for 'historic landscapes' with Apullus (cat. 19) or Dido and Aeneas (cat. 18) into pictures in his own distinctive idiom. Not just repetitions of old myths and stories (more familiar to an educated audience then than now), they were allegories of nature and the seasons, good and evil, love and loss – timeless themes that never fade. He was particularly attracted to subjects bringing light into darkness and enlightenment to the primitive and brutish. In an early picture reproduced for his Liber Studiorum, *Jason hunts for the Golden Fleece in a dark cave guarded by a serpent. In* Apollo and Python *(1811), another terrifying reptile is vanquished by the god of sun and light (and poetry and music, which Turner also learned to love) (cat. 73). In* The Golden Bough *(1834) the Cumaean Sibyl offers Aeneas the sacred branch he will carry into the Underworld to meet his father's ghost and learn his future (cat. 72). Ruskin was the first of many critics to sense something autobiographical in these pictures, the creative self-renewal that enabled Turner to break free of literal imitations of earlier painters and give new life to elemental forces that had first inspired the myths they depicted.* The Golden Bough *works its magic in a sparkling haze only Turner could have painted.* The Story of Apollo and Daphne *(1837) – from the* Metamorphoses *and 'absolutely magical' for one critic[19] – was summarised by Ruskin as 'the union of the rivers and the earth; and of the perpetual help and delight granted by the streams, in their dew, to the earth's foliage' (cat. 1).[20]*

---

[20] Constable, dans Martin Butlin et Evelyn Joll, *The Paintings of J.M.W. Turner*, New Haven et Londres 1977, p. 82. Les termes de la comparaison pourraient être aujourd'hui inversés : la peinture de Turner s'est assombrie, tandis que celle de Claude a été nettoyée.

[18] *Constable in Martin Butlin and Evelyn Joll,* The Paintings of J.M.W. Turner, *New Haven and London 1977, p.82. Today the comparison could be reversed: Turner's picture has darkened while Claude's has been cleaned.*
[19] Literary Gazette, *6 May 1837.*
[20] *Ruskin,* Works, *vol.13, p.40.*

Fig. 4
Ulysse raillant Polyphème – l'Odyssée d'Homère | *Ulysses deriding Polyphemus – Homer's Odyssey*
1829
Huile sur toile | *oil paint on canvas*
132,5 × 203 cm
Legs Turner en 1856 | *Turner Bequest 1856*
The National Gallery, London

tirées des *Métamorphoses*, dont un critique dit qu'elle est « absolument magique[21] » est décrite par Ruskin comme « l'union des fleuves et de la terre ; et l'aide perpétuelle et le délice qu'offrent les mouvements de l'eau, leur rosée, au feuillage de la terre[22] » (cat. 1).

Si Ruskin qualifie Turner d'« adorateur de vieille souche du soleil », qui pourrait croire en Apollon ou en Zoroastre[23], il pense qu'*Ulysse raillant Polyphème*

Although Ruskin described Turner as a 'sun-worshipper of the old breed' who could believe in Apollo or Zoroaster,[21] he thought the 'central picture in Turner's career' was Ulysses deriding Polyphemus – Homer's Odyssey *(Fig. 4) in which the Greek hero looks back from his ship to taunt the one-eyed Cyclops he has outwitted and blinded.[22] The oil sketch Turner used for it was once associated with his second stay in Rome in 1828, when he began and exhibited some pictures. While the 1829 picture is a dazzling (for early critics far too dazzling)*

---

[21] *Literary Gazette*, 6 mai 1837.
[22] Ruskin, *Works* (*op. cit.*), vol. 13, p. 40.
[23] *Ibid.*, vol. 22, p. 490.

---

[21] *Ibid.*, vol.22, p.490.
[22] *Ibid.*, vol.13, pp.136-9.

Fig. 5
Nicolas Poussin
Orion aveugle cherchant le soleil levant | *Blind Orion Searching for the Rising Sun*
1658
119,1 × 182,9 cm
Huile sur toile | oil paint on canvas
Fonds Fletcher 1924 | *Fletcher Funds 1924*
The Metropolitan Museum of Art, New York

– l'*Odyssée d'Homère* (Fig. 4), où le héros grec, sur son navire, se retourne vers le Cyclope qu'il a surpassé en ruse et qu'il a aveuglé, est « la peinture centrale de la carrière de Turner »[24]. L'esquisse à l'huile qui servit à Turner pour la réaliser était autrefois associée à son second séjour à Rome, en 1828, lors duquel il commença et exposa quelques peintures. Si la peinture de 1829 est un témoignage éclatant (trop aux yeux des premiers critiques) du soleil méditerranéen, on sait aujourd'hui que l'esquisse en fut faite plus tôt, probablement à Londres, avec d'autres, inspirées de son séjour en France, en 1821. Cette réévaluation chronologique peut faire penser que les chevaux d'Apollon tirant le soleil, qui apparaissent sur la peinture achevée avec d'autres figures sacrées des éléments, comme les Néréides fluorescentes autour

display of Mediterranean sunlight, it is now recognised that the sketch was made earlier, presumably in London, with others based on a visit to France in 1821. This redating supports the possibility that Apollo's horses drawing the sun, present in the finished picture with other numinous elemental manifestations including phosphorescent Nereids around Ulysses's ship, were borrowed from Poussin's Cephalus and Aurora *(The National Gallery, London) lent to a London exhibition that year. Also shown in 1821 was Poussin's* Blind Orion Searching for the Rising Sun *(Fig. 5), in which the giant, who has been punished with blindness, is guided by the sun's warmth towards redemption. It is hard to imagine a more prescient picture for Turner than this 'hunter of shadows' seeking the 'miracle of light',*[23] *once in the col-*

---

[24] *Ibid.*, vol. 13, pp. 136-139.

[23] *William Hazlitt, 'On a Landscape of Nicolas Poussin',* Table-Talk: or, Original Essays, *vol.2, London 1822 [1908 ed., London, pp.168-74].*

Fig. 6
La Séparation d'Héro et Léandre d'après le [poème] grec de Musée | *The Parting of Hero and Leander – from, the Greek of Musaeus*
Avant 1837 | *before 1837*
Huile sur toile | *oil paint on canvas*
146 × 236 cm
Legs Turner en 1856 | *Turner Bequest 1856*
The National Gallery, London

du navire d'Ulysse, ont été empruntés au *Céphale et Aurore* de Poussin (National Gallery, Londres) prêté la même année à Londres pour une exposition. Également exposé en 1821, *Orion aveugle cherchant le soleil levant*, lui aussi de Poussin (Fig. 5), où le géant à qui un châtiment a ôté la vue est guidé par la chaleur du soleil vers la rédemption. Il est difficile d'imaginer une image plus prémonitoire de Turner que ce « chasseur d'ombres » poursuivant le « miracle de la lumière[25] », qui appartenait autrefois au premier mentor du peintre, le président fondateur de la Royal Academy, Joshua Reynolds.

lection of his early mentor, the Royal Academy's founding President Joshua Reynolds.

A night scene in the same group of oil sketches (cat. 13), perhaps a prospective pair to Ulysses, resulted in The Parting of Hero and Leander – from the Greek of Musaeus *(Fig. 6). That Turner had first drawn these subjects in sketchbooks many years earlier,[24] and probably worked on them over an extended period subject to successive impressions, shows how long his ideas could take to gestate. He needed to have experienced Italian light to*

---

[25] William Hazlitt, « On a Landscape of Nicolas Poussin », *Table-Talk: or, Original Essays*, vol. 2, Londres, 1822 [1908 éd., Londres, pp. 168-174].

[24] *Wey, Guildford sketchbook c 1807, Tate D06186, Turner Bequest XCVI-II 5; Calais Pier sketchbook c1802, Tate D11036, Turner Bequest LXXXI 57 respectively.*

Une scène nocturne du même groupe d'esquisses à l'huile (cat. 13), peut-être effectuée dans la perspective d'un pendant à *Ulysse*, est à l'origine de *La Séparation d'Héro et Léandre – d'après le [poème] grec de Musée* (Fig. 6). Que Turner ait d'abord dessiné ces sujets dans des carnets bien des années auparavant[26] et qu'il y ait probablement travaillé sur une longue période, perméable aux impressions successives, montre tout le temps que pouvait prendre la gestation de ses idées. Il lui fallait l'expérience de la lumière italienne pour la dépasser dans le ciel ardent qui s'étend sur le navire d'Ulysse, et la côte des environs de Naples pour imaginer les rochers de l'île du Cyclope. Peut-être les moqueries subies à Rome de la part de certains artistes ont-elles renforcé l'idée d'un monstre aveugle et stupide – et Ulysse *est* Turner lui-même, défiant ses détracteurs, qui ne vit jamais l'Hellespont où Léandre se noya, mais pouvait puiser pour les eaux agitées du détroit dans ses nombreuses études de mer et de ciel, comme pour ce soleil levant, pour cette lune déclinante sous la lumière desquels se joue, dans toute la passion d'un opéra, la représentation tragique de l'amour et de la mort qui émut tant les romantiques. Le royaume des ombres qui lui sert de scène doit plus à Poussin qu'à Claude, mais Turner renouvelle alors son goût pour Rembrandt, et pour la peinture vénitienne qu'il admire depuis sa visite au Louvre en 1802 ou depuis plus longtemps encore. À la fin des années 1790, une mystificatrice entreprenante, Ann Provis, prétendit être parvenue à recréer grâce à la découverte du « secret vénitien », « remontant à Titien » la profondeur et la richesse chromatique de la peinture vénitienne[27]. On ne sait pas si Turner y crut. La recette de la jeune femme pour esquisser des compositions dans un « ton titianesque » de bleus foncés sur un fond très sombre ou noir absorbant avant d'y appliquer par endroits des couleurs lumineuses va à l'encontre des préférences de Turner dix ans plus tard pour un travail effectué à partir d'une impression blanche. Voilà qui incite pourtant à spéculer sur les polarités de la lumière et de l'ombre en peinture, et *La Vision de l'échelle de Jacob* (v. 1830), l'une des plus sombres peintures de Turner, peinte, en surface, d'anges blancs diaphanes, pourrait presque avoir trouvé sa source dans une expérience antérieure du « secret », éprouvé, ne serait-ce que pour en confondre la supercherie (cat. 83). Sa touche a été comparée à celle du Tintoret et sa composition au même sujet par un contemporain de Turner, l'Amé-

surpass it in the flaming sky above Ulysses's ship, and the coast around Naples to imagine the Cyclops's rock. Perhaps being laughed at by artists in Rome sharpened his idea of the blind, mindless monster – and Ulysses is Turner himself, defying his detractors. He never saw the Hellespont where Leander drowned but could refer to his many studies of sea and sky for its stormy waters, and the rising sun and waning moon by whose lights the tragic drama of love and death that so moved the Romantics is enacted with operatic passion. The realm of shadows in which it is staged owes more to Poussin than Claude, but Turner had also been renewing his interest in Rembrandt, and in Venetian painting which he had admired since his visit to the Louvre in 1802 if not before. In the late 1790s an enterprising hoaxer, Ann Provis, claimed to have recreated its chromatic depth and richness with a fake 'Venetian Secret' dating 'back to Titian'.[25] There is no evidence that Turner was taken in, and Provis's recipe for sketching compositions in a 'Titian shade' of dark blues over a very dark or black absorbent ground before applying bright local colours was the reverse of his preference a decade later for working up from a white base. Yet it prompted speculation about polarities of light and dark in painting, and The Vision of Jacob's Ladder *(c.1830) – one of Turner's darkest pictures, overpainted with diaphanous white angels – might almost have originated in an earlier experiment with the 'Secret', attempted if only to dismiss it (cat. 83). Its brushwork has been compared to Tintoretto and its composition to the same subject by Turner's American contemporary Washington Allston in Lord Egremont's collection. In the bible, Jacob has a vision of a ladder from earth to heaven. Turner's to artistic eternity had many steps.*

Turner owned a copy of Titian's Bacchus and Ariadne, *in London's new National Gallery since 1826, and took up Ovid's story of the god and the bride he honours with a constellation of stars in a picture of his own (1840) (cat. 17). Its landscape setting and 'explosion of light – literally a sun-burst'[26] is more like Claude, whose seascape with these figures was in a British collection and had been engraved by François Vivares. Turner, eclectic as ever, was mixing his sources to make something new, the first of a series of pictures on a square format. Perhaps he painted a subject more famously associated with Titian to get into a Venetian mood before his last visit to a city he first saw in 1819 and had become one of his favourite places. Beginning with a few delicate*

---

[26] Carnet d'esquisses sur la rivière Wey et sur Guildford, v. 1807, Tate D06186, Legs Turner XCVIII 5 ; Carnet d'esquisses sur la jetée de Calais v. 1802, Tate D11036, Legs Turner LXXX1 57, respectivement.

[27] Sur Provis et le « secret », voir John Gage, *Colour and Culture: Practice and Meaning from Antiquity to Abstraction*, Londres, 1993, p. 213.

---

[25] *For Provis and the 'Secret', John Gage,* Colour and Culture: Practice and Meaning from Antiquity to Abstraction, *London 1993, p.213.*

[26] Spectator, *16 May 1840.*

ricain Washington Allston, dans la collection de lord Egremont. Dans la Bible, Jacob a la vision d'une échelle montant jusqu'aux cieux. Celle de Turner vers l'éternité artistique avait de nombreux barreaux.

Turner possédait une copie de *Bacchus et Ariane* de Titien, conservé depuis 1826 à la National Gallery à Londres, et reprit l'histoire d'Ovide contant l'aventure du dieu avec la jeune femme qu'il honore au ciel d'une constellation [la couronne d'Ariane ou Couronne boréale] pour la peindre lui-même (1840) (cat. 17). Son paysage, son cadre et « l'explosion de lumière – littéralement un éclatement de soleil[28] » – sont plus dans la manière de Claude, dont un paysage marin avec ces figures appartenait à une collection britannique et avait été gravé par François Vivares. Turner, comme toujours éclectique, mêle ses sources pour faire quelque chose de neuf, la première peinture d'une série de formats carrés. Peut-être peint-il un sujet qu'on associait plus facilement à Titien pour mieux pénétrer l'esprit vénitien avant sa dernière visite à une ville qu'il a découverte en 1819 et qui est devenue l'un de ses séjours de prédilection. À commencer par quelques délicates aquarelles qu'il en fit, flottant comme un mirage dans la lumière aqueuse, ses vues de Venise sont parmi les plus accessibles et les plus populaires de ses dernières œuvres. Appauvrie, occupée par les Autrichiens depuis la fin des guerres napoléoniennes, déclinante et délabrée, Venise n'en était pas moins la ville du carnaval, de la musique et des fortunes érotiques où un homme sans épouse pouvait prendre ses plaisirs tel un dieu grec. Turner peignit ses visages lumineux ou sombres, au soleil, sous la lune et au crépuscule (cat. 60), l'« heure du peintre » si pleine de possibilités quand, comme il aimait à dire en citant Byron, autre amoureux, dans tous les sens du terme, de Venise, « la lune est levée et pourtant il ne fait pas nuit[29] ». Ses peintures étincellent et luisent, mais des études plus intimes à la gouache sur papier chamois nous emmènent dans des intérieurs ombreux ou sur le toit de son hôtel, l'Europa, ouvert dans le Palazzo Giustiniani, pour assister aux feux d'artifice qui explosent dans le ciel nocturne (cat. 84-85).

Peu enclin à peindre en extérieur, Turner aimait pourtant peindre depuis ses chambres d'hôtel, qu'il choisissait pour leur vue. À Lucerne, où il passe des vacances de travail jusqu'en 1844, son hôtel, le Cygne, regardant sur les rives du lac et sur le mont Rigi, dont les changements de couleur tout au long du jour lui procurent une fascination si constante qu'il quitte à peine la fenêtre de sa

watercolours of it floating like a mirage in aqueous light, his pictures of Venice were among his most accessible and popular later works. Impoverished, occupied by Austria since the Napoleonic Wars and in serious decline, Venice was still a city of carnivals, music and erotic opportunities where a man without a wife might take his pleasures like a Greek god. Turner painted its light and dark sides, sunlight, moonlight and twilight, the 'painter's hour' so full of possibilities when, as he liked to quote the poet Byron – another Venice lover in every sense – 'the moon is up, and yet it is not night'.[27] His pictures (cat. 60) sparkle and glow but intimate sketches in gouache on buff paper take us into shadowy interiors or to the roof of his hotel, the Europa in the Palazzo Giustiniani, to watch fireworks exploding across the night sky (cats. 84-85).

Never much given to painting outdoors, Turner liked painting from hotels and chose them for their views. In Lucerne where he spent working holidays until 1844 his hotel, the Swan, looked along the lake to Mont Rigi whose changes of colour throughout the day provided such constant fascination that he hardly needed to leave the window of his room (cats. 64-65) – a far cry from his boyhood attic in London. He had no time to climb the mountain in 1802 and no strength to do so in his late sixties. A painting of sunrise from the summit commissioned by a client together with a view of the lake from Brunnen (cats. 101-102) and another of a sun-drenched Venice could only be imagined, back in London, from his memories of the mountain's surroundings and 'Swiss Panoramic Prints'.[28] With only the vaguest topographical detail it is a hallucination of dazzling white light. If Turner really said 'The sun is God', perhaps he imagined himself closest to Him here, like Jacob on his ladder. Another late Swiss sketch seems to contain an angel (cat. 69) and soon Turner would paint The Angel Standing in the Sun *(Fig. 7), an incandescent vision of judgement. Around 1821, he had paraphrased Reynolds's advice to painters to differentiate the 'greater from the lesser truth; namely the larger and more liberal idea of nature from the comparatively narrow and confined…that which addresses itself to the imagination from that which is solely addressed to the Eye'.[29] This is why critics saw his work as poetic beside Constable's landscape 'portraiture'; his sketches*

---

[28] *The Spectator*, 16 mai 1840.
[29] Byron, *Le Pèlerinage de Childe Harold*. Sur l'« heure du peintre » au début du XIXᵉ siècle, voir Gage (1993), cité n. 27, p. 192.

[27] Byron, Childe Harold's Pilgrimage. For the 'painter's hour' in the early nineteenth century, Gage 1993, p.192.
[28] Turner to his client Francis McCracken, 29 November 1844, in Gage 1980, p.201.
[29] Turner [after Reynolds] in Eric Shanes, Turner's Watercolour Explorations, exhibition catalogue, Tate Gallery, London 1997, p.18.

chambre (cat. 64-65), est bien loin du grenier londonien de son enfance. Il n'eut pas le temps d'ascensionner la montagne en 1802 et n'en avait plus la force à la fin de la soixantaine. Une peinture du lever du soleil depuis le sommet, commandée par un collectionneur avec une vue du lac depuis Brunnen (cat. 101-102) et une autre, de Venise baignée de soleil, ne peuvent qu'avoir été imaginées, de retour à Londres, d'après les souvenirs que Turner avait des environs de la montagne et d'après des panoramas imprimés de la Suisse[30]. Avec seulement quelque vague détail topographique, c'est une hallucination d'éblouissante lumière blanche. Si Turner a vraiment dit « Le soleil, c'est Dieu », peut-être s'est-il imaginé ici plus proche de Lui, comme Jacob sur son échelle. Une autre esquisse tardive de la Suisse semble contenir un ange et Turner allait bientôt peindre *L'Ange debout dans le soleil* (Fig. 7), incandescente vision du Jugement. Vers 1821, il avait paraphrasé un conseil de Reynolds aux peintres, les enjoignant à différencier « la plus grande de la moindre vérité, à savoir l'idée la plus grande et la plus libérale de la nature d'une idée comparativement étroite et confinée [...], celle qui s'adresse à l'imagination de celle qui ne s'adresse qu'à l'œil[31] ». C'est pourquoi les critiques considéraient son œuvre, au regard des « portraits » de paysages de Constable, comme poétique ; ses esquisses, dans toute leur variété, doivent être distinguées de son œuvre achevée ; et son adoration pour le soleil ne se limitait pas à la lagune vénitienne ou à un lac anglais dont un crépuscule brise la ligne à l'horizon, mais s'étendait aux mythes grecs, à l'histoire romaine, à la Genèse, à l'Apocalypse et aux études sur l'hindouisme et le panthéisme[32].

Dans ses dernières années, en butte à l'hostilité de la critique et à la dérision, assez riche pour ne plus avoir besoin de vendre son travail, Turner se retire dans son atelier, et peint ses œuvres les plus visionnaires. Pour soulager ses yeux de la lumière, il passe beaucoup de temps à Margate, une petite ville de la côte du Kent, avec la veuve d'un marin, Mrs Booth, sa dernière maîtresse et sa dernière compagne. Elle partage peu de sa vie intellectuelle et le maintient dans une certaine réalité matérielle. Sa maison a une vue sur la grève et la jetée, et c'est probablement là qu'il peint nombre de ses huiles de vagues et de tempêtes, et des aquarelles de ce qu'il nomme « les plus jolis ciels d'Europe[33] ».

---

[30] Turner à son collectionneur Francis McCracken, le 29 novembre 1844, dans Gage (1980), cité n. 15, p. 201.
[31] Turner [d'après Reynolds], dans Eric Shanes, *Turner's Watercolour Explorations*, catalogue d'exposition, Tate Gallery, Londres, 1997, p. 18.
[32] John Gage, « J.M.W. Turner and the Solar Myth », dans J. B. Bullen (dir.), *The Sun is God*, 1989, pp. 39-48.
[33] Turner, cité dans Ruskin, *Works* (*op. cit.*), vol. 27, pp. 161-164.

Fig. 7
L'Ange debout dans le soleil | *The Angel Standing in the Sun*
Exposée en 1846 | *exhibited 1846*
Huile sur toile | *oil paint on canvas*
78,7 × 78,7 cm
Acceptée par la nation dans le cadre du Legs Turner en 1856 | *Accepted by the nation as part of the Turner Bequest 1856*

in all their variety must be distinguished from his finished work; and his sun worship was not limited to the Venetian lagoon or an English lake where a low sunset breaks the horizon line, but extended to reading Greek myths, Roman history, the biblical books of Genesis *and* Revelation *and studies of Hinduism and Pantheism.[30]*

In his last years, facing critical hostility and derision and wealthy enough not to need to sell his work, Turner retreated into his studio, painting his most visionary pictures. For light relief he spent a lot of time in Margate, a seaside town in Kent, with the seaman's widow Mrs Booth, his last mistress and carer. She shared little of his intellectual life and kept him down to earth. Her house had a view of the beach and pier and was presumably where he painted a number of oils of waves and storms, and watercolours of what he called 'the loveliest

---

[30] *John Gage, 'J.M.W. Turner and the Solar Myth', in J.B. Bullen (ed.),* The Sun is God, *1989, pp.39-48.*

Certaines ne sont que la peinture des éléments, rendus dans une urgence vitale, auxquels il ajoute parfois une épave (cat. 79), les bateaux à vapeur qui amènent sur ces rivages des visiteurs comme lui, ou même un monstre marin, vision agrandie d'un poisson qu'il a pris (il a toujours aimé pêcher) ou acheté sur la grève. *La Nouvelle Lune*, avec ses enfants qui jouent – l'une des peintures préférées de l'auteur de ces lignes – est exposée en 1840. *Tempête de neige – Vapeur au large de l'entrée d'un port*, qu'il prétend fondée sur sa propre expérience après qu'il a échappé à une tempête attaché au mât, défiant les éléments comme Ulysse raillant le Cyclope, suit en 1842. Il ne peint pourtant plus guère pour être exposé, mais pour lui-même.

Il s'autorise quelque nostalgie créatrice. Reprenant des sujets de son *Liber Studiorum*, il noie de lumière dissolvante leurs compositions autrefois monochromes, dans un équivalent pictural des transformations politiques relevées par Marx et Engels en 1848 : « Tout ce qui est solide se dissipe dans les airs.[34] » Si la beauté de ces révisions du *Liber* opère par soustractions, des fantômes de composition classique y subsistent, ainsi dans le *Ponte delle Torri*, le dernier pont que peint Turner, dans le demi-lointain (cat. 16). Comme il lui arrivait parfois lorsqu'il réalisait ses aquarelles sur de simples feuilles de papier, il aime travailler en séries (cat. 103), passant d'une toile à l'autre avec les mêmes brosses et les mêmes couleurs, peignant des variations sur un thème. Les dernières peintures qu'il expose à la Royal Academy, en 1850, sont ainsi faites. Malgré leurs couleurs de joyaux diffuses et leur atmosphère éthérée, elles sont loin d'être abstraites, racontant encore l'amour de Didon et Énée à Carthage dans le style des ports que peignait Claude. Passant du jour à la nuit, elles parlent de la mort, du deuil et du futur encore à venir. Didon va sur la tombe de son époux défunt, Énée l'abandonne pour fonder un nouvel empire, et comme Turner l'écrit en épigraphe, « le soleil se coucha de colère à cette trahison » (cat. 99). En accordant à ces œuvres un pouvoir moral, il semble réaffirmer ses croyances, et il sait probablement qu'elles seront son épitaphe. Si un nouvel art devait en advenir, il laisserait derrière lui leur monde classique et se condenserait dans ce que le *Times*, admettant leur « excentricité », considérait comme « la main d'un grand maître et un empire sans pareil sur les matières de la peinture, indifférent à leur forme et prodigue de sa lumière[35] ».

skies in Europe'.[31] *Some are purely elemental, rendered with vital immediacy; sometimes he added a shipwreck (cat. 79), the steamboats that brought visitors like himself to the town or even a sea monster enlarged from a fish he had caught (he always loved fishing) or bought on the beach. The New Moon with playful children – a favourite of the present writer's – was exhibited in 1840. Snow Storm – Steam-Boat off a Harbour's Mouth that he claimed was based on his experience of riding out a storm tied to a mast, defying the elements like Ulysses taunted the Cyclops, followed in 1842. Mostly he painted not for show, but for himself.*

He allowed himself some creative nostalgia. Reprising subjects from his Liber Studiorum *he flooded their once-monochrome compositions with dissolving light in a pictorial equivalent of the political transformations hailed by Karl Marx and Frederick Engels in 1848 – 'all that is solid melts into air'.[32] If the beauty of these* Liber *revisions is reductive, it leaves ghosts of classic composition like The Ponte delle Torre, his last bridge in the middle distance (cat. 16). As he sometimes did when working in watercolour on single sheets of paper he liked to work in series (cat. 103), moving from one canvas to another with the same brushes and colours, painting variations on a theme. The last pictures he exhibited at the Royal Academy in 1850 were made this way. Despite diffuse jewel colours and ethereal atmospherics they are far from abstract, retelling the love affair of Dido and Aeneas at Carthage in the style of Claude's seaports. Moving through day into night, they speak of death, loss and a future yet to come. Dido visits the tomb of her late husband, Aeneas abandons her to found a new empire, and as Turner wrote in an epigraph, 'The sun went down in wrath at such deceit' (cat. 99). Granting it moral agency seems to restate his beliefs, and he must have known these pictures would be his epitaph. If a new art were to arise from them, it would leave their classical world behind and concentrate on what* The Times – *admitting their 'eccentricities' – called 'the hand of a great master and a matchless command over the materials of painting, careless of form and prodigal of light'.[33]*

---

[34] Karl Marx et Friedrich Engels, *Manifeste du parti communiste*, 1848, cité par Jacques Rancière, *Le Spectateur émancipé*, La Fabrique, 2008, p. 37. Voir aussi *Manifeste…*, Paris, Éditions sociales, 1976, trad. Laura Lafargue, revue par Michèle Tailleur, p. 35.

[35] *The Times*, Londres, 4 mai 1850.

[31] Turner cited in Ruskin, Works, vol.27, pp.161-4.

[32] Karl Marx and Frederick Engels, Manifesto of the Communist Party [1848] in A.J.P. Taylor (ed.), The Communist Manifesto, Harmondsworth, 1967, p.83.

[33] The Times, *London, 4 May 1850.*

Small but mighty: the 'magic' Turner's watercolours

by Amy Concannon

'Turner opened the eyes of millions, and in some respects, as in the perspectives of clouds and aerial tints, he displayed worlds unknown before to nearly all mankind'.[1]

Written by an art critic twenty-five years after Turner's death, this comment neatly summarises the distinguishing and enduring quality of the artist's work – his power to make us stop, to open our eyes and to see new possibilities in his painted worlds. Turner proved his ability to do this time and again on canvas, in large, attention-grabbing oil paintings but I wish to focus here on Turner's ability to capture our gaze and our imaginations on a much smaller scale, in the traditionally humbler medium of watercolour. When Turner started out in the 1790s, an artist who worked solely in watercolour was ineligible for membership of the Royal Academy. It was thus through the medium of oil painting that an artist must prove their worth; watercolour suffered an association with artisanal and amateur practice – in the eyes of those who sought to uphold the Royal Academy's academic standard, it was a medium appropriate to the making of designs and drawings, but not for art.

And yet watercolour was the keystone of Turner's career, a foundational and continuous element of his practice and the means by which he made his name as a young artist. In his hands, the medium crossed boundaries and defied expectations. From the most fragile of means of pigment laid on paper emerged expansive visions and strong statements of artistic ambition. This paradox is most powerfully demonstrated in Turner's vignettes – images of atmospheric 'worlds unknown' no bigger than the palm of your hand that prove how small can be mighty. In a quite literal sense, Turner blurred the division between oil and watercolour – he would sometimes paint watercolour directly onto his oil paintings but, more innovatively, he increasingly used oil as he would watercolour, working from light to dark by

---

[1] *The Royal Academy (Third Notice)'*, in Athenaeum *(13 May 1876), p.671.*

Turner brouille les frontières entre l'huile et l'aquarelle – il peignait parfois directement à l'aquarelle sur l'huile, mais, ce qui était plus novateur, il utilisa directement l'huile comme il l'aurait fait de l'aquarelle, travaillant du clair vers le sombre, en posant sur le papier de fines couches transparentes de glacis de couleurs, pour obtenir une forte luminosité et des tons plus complexes. Moins fragiles, plus aptes à être constamment offertes à la vue du public, ses peintures à l'huile ont fait sa gloire. Les aquarelles, en revanche, qui craignent la lumière, sont moins souvent montrées et à des intervalles de temps plus espacés. Mais ce n'est pas à leurs dépens, car elles y puisent un certain mystère, une certaine aura – leur petite taille nous amène à les regarder de près. Si ses œuvres achevées et sophistiquées (cat. 43), témoignant d'une virtuosité éblouissante, peuvent nous émerveiller, les esquisses à l'aquarelle de Turner peuvent tout autant, par leur simplicité à couper le souffle, nous étonner (cat. 41). Leurs zébrures magistrales et bien souvent l'empreinte, la trace, des doigts dotent les aquarelles de Turner du pouvoir de nous rapprocher au plus près de l'artiste, de suivre les mouvements de ses mains et d'apercevoir son esprit au travail.

C'est l'aquarelle qui permit à Turner de travailler son jeune talent et de bâtir sa carrière. On pense qu'il avait à douze ans son propre jeu de brosses et de couleurs, lorsqu'il fut chargé de colorer un ensemble de gravures de paysages pour un ami de la famille en échange d'un menu paiement. À quatorze ans, il avait trouvé un emploi de coloriste pour l'un des principaux graveurs à la manière noire de Londres, John Raphael Smith (1752-1812). Développant son entreprise juvénile, l'artiste adolescent peint des ciels à l'aquarelle, vendus comme fonds à des amateurs – souvent des amatrices, jeunes femmes des familles aisées – qui y peignent leurs sujets de paysages ; il s'en vante : « Plus d'une jeune femme a mon ciel dans son dessin[2]. » Inscrit comme étudiant à la Royal Academy, où les enseignements sont centrés sur la formation de peintres d'histoire et sur le dessin d'après le modèle vivant, Turner cherche à élargir le cercle de ses connaissances, continue d'apprendre et de gagner de l'argent. Ces activités extrascolaires le ramènent à l'aquarelle et le plongent plus encore dans l'art du paysage, où il affermit son talent. Tenu en piètre estime par l'Académie, le paysage connaît une grande faveur auprès du public. Le marché est inondé de manuels pour artistes amateurs, de guides illustrés et de somptueux volumes de vues, tandis que les théoriciens du paysage débattent

building thin, transparent glazes of colour to achieve high luminosity and more complex tones. More robust and able to be on constant view, his oil paintings have cemented his fame. Watercolours, meanwhile, being light-sensitive, are seen at less frequent intervals. But this is not a disadvantage, for in this they harness a special unfamiliarity and an aura – their small size pulls us in to look closely. While we may marvel at highly finished works of dazzling technical virtuosity, we may be equally astonished by the breath-taking simplicity of Turner's watercolour sketches. They deliver high impact with seemingly effortless economy – a brush heavily-loaded with dark grey pigment dragged down over a wet piece of paper transports us, with perfect synergy between medium and subject, to the eye of a storm at sea (cat. 43), while a white disc gleaming midst a pool of blue presents the moon above water (cat. 41). Through these masterful marks and many a thumbprint, Turner's watercolours allow us to get as close as it is possible to the artist, to trace the movements of his hand and glimpse the workings of his mind.

Watercolour was the medium through which Turner crafted and capitalised on his youthful skill. It is thought that he had his own set of brushes and colours by the age of twelve, when he was tasked with colouring a set of landscape prints for a family friend in exchange for a small payment. By the age of fourteen he had found employment as a colourist for one of London's top mezzotint engravers, John Raphael Smith (1752–1812). Taking his juvenile enterprise further, the teenage artist painted watercolour skies to be sold as backgrounds for amateur artists – often young women from wealthy families – to paint their landscape subjects on, boasting that '[t]here's many a young lady has got my sky to her drawing'.[2] While enrolled as a student at the Royal Academy, where teaching was focused on the production of history painters and the life class, Turner sought out further opportunities to network, learn and earn money. These extra-curricular activities centred on watercolour and deepened his immersion and skill in the production of landscape art. Held in low regard by the Academy, landscape was booming in popularity. The market was awash with manuals for amateur artists, illustrated guidebooks and lavish volumes of views, while landscape theorists debated the definitions of the Picturesque, the Sublime and the Beautiful; there was thus money to be made by those who had the skill and creativity to capture the look and feel of any given place.

---

[2] Cité dans Eric Shanes, *Young Mr Turner: The First Forty Years, 1775-1815*, Paul Mellon Centre for Studies in British Art, Londres, 2016, p .19.

---

[2] *Quoted in Eric Shanes,* Young Mr Turner: The First Forty Years, 1775-1815 *(Paul Mellon Centre for Studies in British Art: London, 2016), p.19.*

des définitions du pittoresque, du sublime et du beau ; il y a donc de l'argent à gagner pour ceux qui auront assez d'adresse et d'imagination, qui sauront saisir à quoi ressemble un lieu et à quoi il peut faire songer.

Afin d'améliorer sa maîtrise de la perspective, Turner étudie avec un spécialiste du dessin d'architecture, Thomas Malton, dont il dira plus tard – peut-être parce que Malton lui apprend à dessiner sur le vif dans les rues de Londres – qu'il fut son « vrai maître[3] ». Tout comme il le forme à dessiner rapidement et avec précision, Malton instruit Turner de nouveaux tours que le jeune homme ajoute à son répertoire, ainsi l'adoption d'un point de vue abaissé qui permet de théâtraliser l'élévation du sujet, qu'il va beaucoup utiliser pour insuffler à ses paysages le sentiment du sublime. Quelques années plus tard, dans une école donnant des cours du soir que dirige un médecin renommé, collectionneur d'aquarelles, le Dr Thomas Monro, Turner acquiert des bases solides dans l'aquarelle de paysages. En échange de modestes honoraires et d'un souper d'huîtres, il réalise des copies de scènes gravées par des peintres de paysages en vogue, en compagnie d'un autre jeune artiste commençant lui aussi à se faire une réputation, Thomas Girtin, qui dessine au crayon les contours sur lesquels Turner pose la couleur. Instruits du travail de leurs aînés, les deux jeunes gens absorbent les principes de composition du paysage classique, dont ils connaissent bientôt les sites les plus célèbres, comme Rome et la Campanie. Ils apprennent la manière traditionnelle des peintres d'aquarelle : saturer la structure tonale de gris avant d'ajouter la couleur, une pratique caractéristique de ce qu'on nomme alors *tinted drawings* – des dessins de lavis d'encre rehaussés d'aquarelle –, dans une palette atténuée, restreinte.

Turner se faisait un nom. Il apparaissait comme une étoile montante et surtout un novateur en mêlant cette technique d'aquarelle aux conseils prodigués notamment par Paul Sandby ou Richard Westall, membres de la Royal Academy, qui cherchaient activement à promouvoir l'aquarelle. Ils choisissaient des sujets grandioses et employaient des pigments vifs et brillants, sur des papiers de grand format qui faisaient ressortir leurs travaux quand ils étaient exposés parmi des peintures à l'huile[4]. Des œuvres comme *Le Dortoir et le transept de l'abbaye des Fontaines – soir* (Fig. 1) montrent que Turner ambitionne d'emprunter cette voie.

Seeking to better his grasp of perspectival drawing, Turner studied with architectural draughtsman Thomas Malton, later reflecting – perhaps because Malton taught him to draw directly from London's streets – that Malton was his 'real master'.[3] As well as the ability to draw buildings quickly and accurately, Malton introduced a few tricks into Turner's repertoire, such as taking a low vantage point to dramatise the height of his subject, something he would carry through to give sublime feeling in his landscapes. A few years later, at a night school run by the renowned physician and collector of watercolours, Dr Thomas Monro, Turner received an important grounding in the art of the landscape watercolour. In exchange for a small fee and a supper of oysters Turner would make copies of scenes by established landscape artists, collaborating on these with fellow up-and-coming artist, Thomas Girtin, who would draw the pencil outlines while Turner laid in the colour. Learning from their elder peers' work, the two would have absorbed the principles of classical landscape composition and become familiar with celebrated locations like Rome and its surrounding Campagna. They would have learned the traditional way of working up watercolour – of blocking in the tonal structure in grey before adding colour, a practice which led to so-called 'tinted drawings' in a muted, restrained palette.

Turner would make his name as an innovator and a rising star by fusing this watercolour technique with tips learned from the likes of Paul Sandby and Richard Westall, Royal Academicians who were actively seeking to heighten the status of watercolour. They chose grand subjects and employed bold and bright pigments on larger papers that would make their works stand out when displayed near oil paintings.[4] Works like The Dormitory and Transept of Fountain's Abbey – Evening *(Fig. 1) signalled Turner's ambition to follow in their wake. Its subject – a Picturesque ruin at sunset – is a canny blend of popular taste with lofty moral message of the transience of life and of human endeavour. This is not a tinted drawing but an ambitious 'painting in watercolour' – this distinction, and the ascription of watercolour as a method of painting, rather than drawing, was vital to the advancement of the medium's status. Turner's particular innovation, however, was to achieve rich effects that resemble those achieved in oil painting through the use of 'pure' watercolour alone, that is, without recourse to*

---

[3] Cité dans Eric Shanes, *op. cit.*, p. 20.
[4] Voir Greg Smith, *The Emergence of the Professional Watercolourist: Contentions and Alliances in the Artistic Domain, 1760-1824*, Ashgate, Aldershot, 2002.

[3] Quoted in Eric Shanes, Young Mr Turner: The First Forty Years, 1775-1815 (Paul Mellon Centre for Studies in British Art: London, 2016), p.20.
[4] See Greg Smith, The Emergence of the Professional Watercolourist: Contentions and Alliances in the Artistic Domain, 1760–1824 (Ashgate: Aldershot, 2002).

Son sujet, une ruine pittoresque au coucher du soleil, mêle astucieusement goût populaire et discours moral élevé sur la brièveté de la vie et la précarité des œuvres humaines. Il ne s'agit pas d'un dessin rehaussé, mais bien d'une ambitieuse « peinture à l'aquarelle » ; cette distinction, tout comme l'affirmation que l'aquarelle est bien une manière de peindre, est essentielle à la revendication du rang auquel prétend le médium. Ce qu'il y a de neuf dans le travail de Turner, c'est qu'il parvient, par le seul usage de l'aquarelle, sans recourir à la gouache ni à l'adjonction de craie dans ses pigments, en faisant monter la couleur par couches successives de lavis transparents, à une richesse d'effets comparables à ceux que peut produire l'huile. Semblant luire comme si le soleil s'y couchait vraiment, *Le Dortoir et le transept de l'abbaye des Fontaines – soir* témoigne de l'expertise déjà acquise par Turner dans le jeu des lumières et des ombres et tire peut-être aussi parti des expériences réalisées par l'artiste avec de la bougie passée sur le papier pour ménager une réserve et éclairer par-derrière l'aquarelle. Cette douce lueur entre en contraste avec les vifs rehauts des remous de l'eau qui sont en réalité réalisés par des éraflures de la couche superficielle du papier ; on dit que Turner a toujours gardé long, à cette fin, l'ongle d'un de ses pouces[5]. Girtin, l'ami, faisait lui aussi des vagues. Dans son chef-d'œuvre, *La Maison blanche, Chelsea* (Fig. 2), c'est le papier laissé vierge qui produit le blanc éblouissant de l'élément central. Si Turner et Girtin étaient loués l'un comme l'autre pour posséder « des dons qui avaient échappé aux plus ingénieux de leurs prédécesseurs » dans l'aquarelle, c'est Girtin qui pourtant semblait avoir la faveur des conversations en ville, où l'on tenait pour son « génie », contre l'« industrie » de Turner[6]. Girtin succomba tragiquement à la phtisie. Il avait vingt-sept ans. Turner, qui savait le génie de son ami, et reconnaissait sa prééminence eut plus tard cette réflexion : « Si Tom Girtin avait vécu, je serais mort de faim[7]. »

Fig. 1
Le Dortoir et le transept de l'abbaye des Fontaines – soir | *The Dormitory and Transept of Fountains Abbey – Evening*
1798
Aquarelle sur papier | *watercolour on paper*
48,5 cm × 62,5 cm
York Art Gallery

Fig. 2
Thomas Girtin
La Maison blanche, Chelsea | *The White House at Chelsea*
1800
Aquarelle sur papier | *watercolour on paper*
29,8 × 51,4 cm
Légué par Mme Ada Montefiore 1933 | *Bequeathed by Mrs Ada Montefiore 1933*

---

[5] Pour la description de l'ongle de Turner, voir Edith Mary Fawkes, manuscrit à la bibliothèque de la National Gallery, Londres.
[6] William Henry Pyne (dir.) *The Somerset House Gazette*, vol. 1, n° VII, 1823, p. 98 ; *Joseph Farington*, The Diary of Farington, Kenneth Garlick, Angus Macintyre et Kathryn Cave (dir.), New Haven, Connecticut, Yale University Press, 1978-1984, vol. 6., 9 fév. 1799, p. 265.
[7] Walter Thornbury, *The Life of J.M.W. Turner...Founded on Letters and Papers Furnished by His Friends and Fellow Academicians*, volume 1, p. 117.

En réalité, le talent d'aquarelliste de Turner s'arrangeait habilement avec sa sagacité en affaires et sa solide ambition pour garantir qu'il ne mourût pas de faim. Ses clients et mécènes amateurs d'aquarelles, d'abord des aristocrates propriétaires fonciers puis des industriels et des entrepreneurs des classes moyennes, payaient cher : en trois ans, entre 1797 et 1800, le prix de ses aquarelles fait plus que tripler, et l'on dit que ses œuvres « se vendent aussi vite qu'il les peint[8] ». S'il peut demander des prix encore plus élevés pour ses peintures à l'huile, ses aquarelles ont un public fidèle et elles entretiennent la popularité du médium. Dans les années qui suivent les guerres napoléoniennes, l'enthousiasme suscité par les aquarelles de Turner prend un tour patriotique, et il est salué comme le chef de file de cet art non seulement en Grande-Bretagne, mais dans toute l'Europe[9]. Le premier ouvrage sérieux consacré à la pratique de l'aquarelle en Grande-Bretagne est publié en 1823. Son auteur, William Henry Pyne, loue Turner d'avoir transformé le « style topographique » du paysage à l'aquarelle en lui apportant un « sentiment supérieur[10] ». Les expositions des aquarelles de Turner attirent les foules. Au cours de l'une d'elles, on observe – on montre – l'artiste paradant comme un « général romain victorieux, personnage principal de son propre triomphe[11] ».

S'il a des détracteurs, qui voient dans ses aquarelles des « pochades expérimentales et tapageuses », sa technique, notamment son usage de la couleur, suscite plus généralement l'étonnement et la curiosité[12]. « Personne n'a jamais jeté de telles masses de couleur sur du papier », écrit un critique. Un autre semble méditer sur les

« fondus et contrastes parfois délicats des couleurs de Turner – dont les effets, obtenus d'un certain arrangement magique, d'un secret graphique qui serait le sien, sont d'une tendresse exquise, sans pour autant manquer de force[13] ».

« Magique », le terme revient souvent. Le plus connu des artistes garde en effet jalousement le secret de ses

gouache or bodycolour (forms of watercolour thickened with chalk), building up colour through layer upon layer of transparent wash. Appearing to glow as if the sun were really setting within it, The Dormitory and Transept of Fountain's Abbey – Evening *showcases Turner's already expert handling of light and shade and is perhaps informed by his phase of experimental back-lighting of watercolours with candles. This soft glow is contrasted with the sharp highlights of the ripples in the water, created by scratching the top layer of paper away; he was said to have always kept a thumbnail long for this purpose.[5] Turner's friend Girtin, too, was making waves. In his masterpiece,* The White House at Chelsea *(Fig. 2), it is the paper left white that provides the dazzling white centrepiece. While Turner and Girtin were lauded together as possessing 'capacities which had escaped the most ingenious of their predecessors' in watercolour, it was Girtin, however, that appeared to have the edge in talk of the town, which pitched Girtin's 'genius' against Turner's 'industry'.[6] Tragically, Girtin succumbed to consumption at the age of 27. Turner, recognising his friend's genius, and his leading position, reflected that 'if Tom Girtin had lived, I should have starved'.[7]*

As it was, Turner's skill in watercolour combined expertly with his business acumen and keen ambition to ensure that he did not starve. His watercolour patrons, first aristocrats and landowners and later middle-class industrialists and businessmen, paid high prices: in the three years between 1797 and 1800 Turner's watercolour prices more than tripled, with his works reported to sell 'as fast as he paints them'.[8] While he could charge even higher prices for oil paintings, his watercolours had a loyal following and created a new buzz about the medium. In the years following the Napoleonic Wars, enthusiasm for Turner's watercolours took on a patriotic tone, and he was hailed as the leader of watercolour practice not just in Britain but across Europe.[9] In 1823 the first serious account of British watercolour painting

---

[8] Andrew Robertson, *Letters and Papers of Andrew Robertson*, 2ᵉ éd., Londres, 1897, p. 91.
[9] Ian Warrell, « " The wonder-working artist " : Contemporary Reponses to Turner's Exhibited and Engraved Watercolours, dans Eric Shanes, dir., *Turner: The Great Watercolours*, Royal Academy, Londres, 2000, p. 37.
[10] William Henry Pyne (dir.) *The Somerset House Gazette*, vol. 1, n° VII, 1823, p. 98.
[11] Sam Smiles, *J.M.W. Turner: The Making of a Modern Artist*, Manchester, Manchester University Press, 2007, p. 11.
[12] Cité dans Ian Warrell, *op. cit.*, n. 28.
[13] Robert Hunt dans *The Examiner*, n° 780, dimanche 5 janvier 1823.

---

[5] *The description of Turner's fingernail comes from Edith Mary Fawkes, typescript in the Library of the National Gallery, London.*
[6] *William Henry Pyne (ed.) The Somerset House Gazette, vol. 1, no. vii, 1823, p. 98; Joseph Farington, The Diary of Farington, Kenneth Garlick, Angus Macintyre, and Kathryn Cave (eds) (New Haven, CT: Yale University Press, 1978–1984), Vol. 6., 9 Feb 1799, p.265.*
[7] *Walter Thornbury, The Life of J.M.W. Turner...Founded on Letters and Papers Furnished by His Friends and Fellow Academicians, Volume 1, p.117.*
[8] *Andrew Robertson, Letters and Papers of Andrew Robertson, 2ⁿᵈ ed. (London, 1897), p.91.*
[9] *Ian Warrell, 'The wonder-working artist': Contemporary Reponses to Turner's Exhibited and Engraved Watercolours, in Eric Shanes, ed., Turner: The Great Watercolours (Royal Academy: London, 2000), p.37.*

méthodes, mais ne répugne pas à laisser des indices, à donner quelques conseils et, comme beaucoup l'en soupçonnent, semble apprécier de se donner en spectacle devant un public fasciné. À une apprentie aquarelliste, il lance : « Avant tout, respectez votre papier ![14] » Cette attitude théâtralise la pratique d'aquarelliste et en fait un combat entre l'artiste et la matière. Des récits montrent qu'entre les mains de Turner, l'aquarelle n'avait certainement rien d'un art aimable et léger – c'était le moyen et la manifestation d'une intense expérience physique et intellectuelle. Un témoin décrit comment Turner « faisait couler la peinture humide », puis « déchirait […] grattait […] frottait [le papier] dans une sorte de frénésie » jusqu'à ce que, « comme par magie », surgisse l'image[15]. On racontait qu'il suspendait ses papiers imbibés à des fils à linge, qu'il fixait son papier à des planches et qu'

« après les avoir plongées dans l'eau, il jetait la couleur sur le papier encore mouillé, pour y faire des marbrures et des gradations[16] ».

C'est ainsi qu'a dû voir le jour, sans solution de continuité, le fondu des masses de couleurs froides et chaudes d'une représentation comme celle du *Pont de Grenoble* (cat. 6). Cette étude de couleur est qualifiée par John Ruskin d'« un des fragments les plus exquis » de l'œuvre de Turner au milieu de sa carrière[17]. Si l'on excepte les couches supérieures de détails plus fins et de modelages des formes, cette esquisse de travail nous permet de comprendre les mécanismes qui sont à la base de la technique de Turner et comment la maîtrise de ses fluides gradations de tons crée une immense profondeur de champ et confère à des objets à peine formés la troisième dimension.

Tandis que monte l'étoile de Turner, qu'on parle partout de lui, ses talents d'aquarelliste sont plus que jamais sollicités. Les éditeurs se pressent pour obtenir sa collaboration, sachant que son nom, figurant sur une publication, vaut promesse de ventes fructueuses.

---

[14] Conseil donné à Mary Lloyd et racontée par elle dans « A Memoir of J.M.W. Turner R.A. by M.L », reproduit dans *Turner Studies*, vol. 4, n° 1, pp. 22-23.

[15] E.M. Fawkes, cité dans Andrew Wilton « An Authoritative Lesson in Art », dans Cecilia Powell (dir.), *Paths to Fame: Turner Watercolours from* the *Courtauld*, Grasmere, 2008, pp. 5-6.

[16] William Leighton Leitch, « The Early History of Turner's Yorkshire Drawings », dans l'*Athenaeum*, 1894, p. 327.

[17] Edward Tvas Cook et Alexander Wedderburn (dir.), *The Works of John Ruskin*, 39 vol., Londres, George Allen, 1903-1912, vol. XIII, 1904, Part II « Turner's Work at the National Gallery », 7. « Catalogue of the Drawings and Sketches… », p. 366.

---

was published. Its author, William Henry Pyne, credited Turner with having transformed the 'topographical style' of watercolour landscape by injecting 'superior feeling'.[10] Exhibitions of Turner's watercolours attracted large crowds; at one showing the artist was observed strolling about like 'a victorious Roman General, the principle figure in his own triumph'.[11]

While there were detractors, those who found his watercolours 'experimental and gaudy flimsies', there was a general astonishment and curiosity about Turner's techniques, particularly his way with colour.[12] 'No man has ever thrown such masses of colour upon paper', wrote one critic. Another mused:

'blended and sometimes delicately contrasted as [Turner's] colours are – the effects are exquisitely tender, but not without sufficient force, from a certain magic arrangement, a graphic secret of his own.'[13]

'Magic' was a frequent reference. This most well-known of artists was indeed secretive about his methods but not averse to giving hints and tips and, many suspect, inclined to give an exaggerated performance in front of a captive audience. Turner advised an aspiring watercolourist to '[f]irst of all, respect your paper!'.[14] This notion dramatises the practice of making a watercolour as a battle between artist and materials. Anecdotes show that in Turner's hands, watercolour was indeed anything but a polite and delicate art – it was a vehicle for intensely physical and intellectual experimentation. One onlooker described how Turner 'poured wet paint', then 'tore…scratched…scrubbed at [the paper] in a kind of frenzy' until 'as if by magic', the image came into focus.[15] Tales were told of washing lines hung up with saturated papers and of Turner attaching his paper to boards and,

'after plunging them in to water, dropping the colours

---

[10] William Henry Pyne (ed.) The Somerset House Gazette, vol. 1, no. vii, 1823, p. 98.

[11] Sam Smiles, J. M. W. Turner: The Making of a Modern Artist (Manchester: Manchester University Press, 2007), p.11.

[12] Quoted in Ian Warrell, 'The wonder-working artist': Contemporary Responses to Turner's Exhibited and Engraved Watercolours, in Eric Shanes, ed., Turner: The Great Watercolours (Royal Academy: London, 2000), fn28.

[13] Robert Hunt in Examiner, no.780, Sunday 5 January 1823.

[14] Advice given to Mary Lloyd and recounted by her in 'A Memoir of J.M.W. Turner R.A. by M.L', reproduced in Turner Studies, vol.4, no.1, pp.22–23.

[15] E.M. Fawkes quoted in Andrew Wilton 'An Authoritative Lesson in Art', in Cecilia Powell, ed., Paths to Fame: Turner Watercolours from the Courtauld (Grasmere, 2008), pp.5–6.

Le degré d'implication de Turner dans ces projets éditoriaux et commerciaux surprend ses contemporains. On dit que dans les années 1830, ce « grand artiste, à la différence des seconds couteaux, trouve du temps pour toute chose[18] ». De fait, ce travailleur acharné est accusé par l'écrivain Walter Scott d'avoir « les paumes qui le démangent », d'être d'une inexorable cupidité[19]. Pourtant, même au sommet de sa carrière, alors que la vente de ses huiles lui permet de gagner très largement sa vie, il sait que ses aquarelles, et plus particulièrement celles qui donneront lieu à des gravures, contribuent puissamment à sa gloire. Certains des exemples les plus éclatants des aquarelles de Turner sont nés de projets d'impression. Chacune des vignettes qu'il réalise pour des publications littéraires dans les années 1830 est un chef-d'œuvre miniature (cat. 25-26). Fourmillant de détails peints avec un simple pinceau de petit-gris, ces « petits joyaux », comme les nomme un critique, semblent éclore spontanément du papier. Des réseaux complexes de hachures et de points, en couches colorées, créent une riche variation de tons, qui sera transposée sur les impressions monochromes dont les surfaces semblent s'animer des chuchotements et des vrombissements de ces marques infimes. On retrouve les mêmes traits – et notamment le jeu dramatique de l'ombre et de la lumière – dans ses aquarelles pour la publication des *Rivers of England*. Dans celle de la Medway (cat. 12), la coïncidence entre le sujet et la matière est parfaite puisque le papier, un Whatman sans vergeures – que Turner a toujours apprécié parce qu'avec son apprêt de gélatine il peut supporter tous les registres de sa technique – est fabriqué dans un moulin que font tourner les eaux du fleuve (cat. 12). L'arc-en-ciel est réalisé d'un trait de chiffon dans le médium encore humide pour effacer le pigment, puis en ajoutant des touches de rose et de bleu (cet arc-en-ciel à trois couleurs correspond aux connaissances scientifiques de l'époque) ; dans l'*Estuaire du Humber*, également destiné à la gravure, le ciel aussi, avec sa sombre texture richement texturée, livre une puissante clé de lecture atmosphérique[20].

À la racine d'effets aussi puissants est l'expérience, dans les deux sens du terme, où conduit la recherche d'une

onto the paper while it was wet, making marblings and gradations.'[16]

This is no doubt how the seamless blend between bands of warm and cool colour in an image like Grenoble Bridge *(cat. 6) came into being. This colour study was described by John Ruskin as 'among the most exquisite fragments' of Turner's mid-career.*[17] *Without the upper layers of finer detail and sculpting of form, this working sketch allows us to see the foundational mechanics of Turner's technique and the way in which his smooth, controlled gradation of tones from dark to light creates an immense depth of field and three-dimensionality to objects not yet fully formed.*

As Turner's star ascended and he became a household name, his skills in watercolour were in ever-greater demand. Publishers flocked around him, knowing that having his name attached to a project would guarantee bigger sales. The scale of Turner's involvement in commercial print projects surprised his contemporaries. It was said of him in the 1830s that '[t]his great artist, unlike the minors of the race, finds time for everything'.[18] *Indeed, the workaholic artist was accused by the writer Sir Water Scott as having an 'itchy palm', of being ruthless in the pursuit of money.*[19] *Yet even at the height of his career, when he was making a plentiful living from the sale of oils, Turner knew that his watercolours, particularly when translated into print, had great potential to seal his fame. Some of the most glittering example of Turner's watercolours arose from print projects. Each one of the vignettes he made for literary publications in the 1830s is a miniature masterpiece (cats. 25-26). Furnished with detail painted with a single squirrel hair brush, these 'little gems', as one critic called them, appear to seamlessly bloom out of the paper. Complex layers of coloured hatching and stippling create the rich variation of tone that would be carried through to the monochrome prints made from them; these tiny marks make the surface hum and buzz with movement. The same characteristics – particularly a dramatic interplay between light and dark – are to be found in his watercolours for the* Rivers of England *print project. In that depicting the river Medway (cat. 12) there is a perfect congruence of subject and material for this river powered the mill which produced the very paper upon which it is made. Turner favoured this white wove*

---

[18] *The Literary Gazette*, n° 823, 27 octobre 1832, p. 680.
[19] Cité dans Gerald Finley, *Landscapes of Memory*, Londres, 1980, p. 55.
[20] Pour plus de précisions sur la compréhension des arcs-en-ciel, voir John E. Thornes, « A Reassessment of the Solar Geometry of Constable's Salisbury Rainbow », dans Amy Concannon (dir.), In Focus: *Salisbury Cathedral from the Meadows* exhibited 1831 by John Constable, Tate Research Publication, 2017, https://www.tate.org.uk/research/publications/in-focus/salisbury-cathedral-constable/reassessing-the-rainbow, dernier accès le 26 novembre 2022.

---

[16] *William Leighton Leitch, 'The Early History of Turner's Yorkshire Drawings', in Athenaeum, 1894, p.327.*
[17] *Cook and Wedderburn 1904, p.366.*
[18] *Literary Gazeteer, no.823 (27 oct 1832), p.680.*
[19] *Quoted in Gerald Finley,* Landscapes of Memory *(London, 1980), p.55.*

meilleure compréhension et d'une meilleure représentation de la lumière et de la couleur. Cette recherche a duré toute la vie de Turner et pour lui, aquarelle et expérience vont ensemble – l'aquarelle est un médium pratique, rapide et relativement économique par lequel il peut éprouver et enregistrer ses nouvelles idées. Turner cherche aussi de nouveaux matériaux, et à partir des années 1820, il trouve dans les papiers colorés des possibilités passionnantes. Un projet non réalisé d'album de vues de la Meuse et de la Moselle donne lieu à des œuvres comme électrifiées, exécutées à la gouache, épaisse et opaque, sur du papier bleu (cat. 51-52). Cette nouvelle combinaison a l'avantage d'une certaine économie de moyens, puisqu'en partant d'une feuille de papier bleue, il suffit d'embellir avec de la couleur le ciel et l'eau, sans avoir besoin de les sortir du néant. Avec seulement quelques traits d'aquarelle, Turner pouvait créer de puissants instantanés d'effets météorologiques pourtant fugaces, de tempêtes, de crépuscules et de mers tumultueuses. Dans de rares mais magnifiques esquisses, nous voyons Turner traîner et pousser la couleur sur tout le tour de la page, comme si le pigment lui-même répondait aux éléments qu'il tente de saisir. À la fin de sa vie, il utilisait des rames entières de papier pour ses esquisses à l'aquarelle, affectionnant les carnets « roulés », qu'il pouvait effectivement, avec leur couverture souple de papier, rouler et mettre dans la poche de sa veste. Mais dès lors ce sont ses couleurs qu'il emporte aussi avec lui : grâce aux nouvelles technologies de production des fournitures pour artistes, on trouve désormais de petits cubes de couleur (des pastilles). Ingénieusement, Turner transforme la couverture d'un vieil almanach, en y rangeant ces pastilles de couleur, en boîte portable d'aquarelles (Fig. 3).

Si le peu de place que tient dans des bagages un nécessaire d'aquarelle et la vitesse de ce médium en font un élément essentiel dans une carrière qui tourne autour du voyage, c'est le crayon que préfère Turner pour recueillir les informations lorsqu'il est « en vol », comme il dit. Colorier sur la route prend « trop de temps », confie-t-il à un ami : il peut réaliser « 15 ou 16 études au crayon pour une seule en couleur », qu'il applique généralement sur les esquisses du jour de retour dans ses foyers temporaires[21]. Mais en 1840, lors de son séjour à Venise, il se passe quelque chose de peu ordinaire : Turner esquisse directement à la brosse, en utilisant abondamment la technique du « mouillé sur mouillé », qui consiste à disposer le pigment sur des zones préalablement détrempées, de sorte que la couleur se diffuse

Fig. 3
Étui à aquarelle de voyage, apparemment improvisé par J.M.W Turner lui-même à partir de la couverture d'un almanach | *Travelling watercolour case, apparently improvised by J.M.W Turner from the cover of an almanac*

Whatman paper throughout his career. Prepared with a gelatine size, it could withstand the full gamut of Turner's technique. The rainbow in Medway *was created by dragging a cloth through wet paint to lift pigment away before adding in tinges of pink and blue (this tricolour rainbow was based on current understanding of rainbow science); the sky gives atmospheric key, too, in* The Mouth of the River Humber, *its richly textured darkness.*[20]

The root of such powerful effects was experimentation, driven by Turner's lifelong quest to better understand and represent light and colour. Watercolour and experimentation went hand-in-hand for Turner – it was a convenient, quick and relatively cheap medium through which to test and record new ideas. He searched out new materials, too, and from the 1820s found exciting

---

[21] Andrew Wilton, *Turner as Draughtsman*, Londres, Routledge, 2006, p. 64.

[20] *For more on the understanding of rainbows see John E. Thornes, 'A Reassessment of the Solar Geometry of Constable's Salisbury Rainbow', in Amy Concannon (ed.),* In Focus: Salisbury Cathedral from the Meadows exhibited 1831 by John Constable, *Tate Research Publication, 2017, https://www.tate.org.uk/research/publications/in-focus/salisbury-cathedral-constable/reassessing-the-rainbow, accessed 23 June 2021.*

en saignées qui parcourent sur la page leur propre chemin (cat. 59)²². Pour saisir toute la théâtralité de la ville la nuit tombée, Turner renverse sa méthode de travail, allant cette fois du foncé au clair, en touches pressées d'aquarelle puis traits rapides de gouache vive sur le papier brun (cat. 82-84-85). Aussi libres, lâches et informelles soient-elles, ces riches visions fondues et fusionnelles témoignent de la maîtrise absolue de Turner sur la matière de son art. Comment en effet mieux saisir l'esprit de la « cité des eaux » qu'en utilisant l'eau elle-même ?

Comme Venise, la Suisse occupe dans l'imagination de Turner parvenu à la maturité une place particulière. Outre de nombreuses évocations froides, précises, des lacs aux eaux glaciales et des montagnes (cat. 66), on trouve un *Rigi sombre : étude échantillon*, l'une des nombreuses œuvres d'un projet tardif qui montre que Turner n'a rien perdu de son goût pour l'entreprise et l'expérimentation, ni de sa foi en l'aquarelle comme moyen d'expression d'un art ambitieux (cat. 61-63). N'exposant plus depuis longtemps d'aquarelles et voyant se tarir les commandes des graveurs, Turner se lance dans un nouveau type de commerce. Il engage un agent pour distribuer *Le Rigi sombre : étude échantillon* et d'autres « études échantillons » dans un cercle restreint de collectionneurs fidèles, espérant qu'il en obtiendra des commandes de versions achevées. Ces effusions prismatiques, délibérément interrompues à l'état de demi-achèvement, suscitent l'enthousiasme de certains admirateurs – John Ruskin y voit des œuvres au « puissant pouvoir » qui pourraient même être supérieures, en raison de leur force suggestive, aux versions achevées des mêmes séries comme *Le Rigi bleu – Lever de soleil* (Fig. 4)²³. Mais les aquarelles de cette nouvelle période intensément dominée par la couleur ne sont pas du goût de tous les collectionneurs. Certains rejettent catégoriquement ces œuvres nouvelles tandis que d'autres en offrent des sommes moins élevées que celles qu'en espérait l'artiste. L'agent lui-même fait prudemment remarquer que ces aquarelles « ne [sont] pas dans le style habituel de Turner²⁴ ». Pour elles, afin de créer les plus subtiles et harmonieuses gradations de couleurs, le vieil artiste a eu recours à de duveteux lavis, rassemblant ses souvenirs de paysages magnifiques, comme rêvés, touchant au plus sublime. La lumière et la couleur n'y sont plus les outils de la repré-

---

²² Pour plus de précisions sur la technique de Turner, voir Nicola Moorby et Ian Warrell (dir.), *How to Paint like Turner*, Londres, Tate, 2010.
²³ E. T. Cook et A. Wedderburn (dir.), *The Works of John Ruskin* (op. cit.), vol. XIII, pp. 475-485 ; *Id.*, vol. XXXVI, pp. 125-126.
²⁴ *Idem*, vol. XIII, p. 477.

potential in coloured papers. An unrealised project for prints of the Rivers Meuse and Mosel gave rise to electrifying works executed in thick opaque gouache on blue paper (cats. 51-52). This combination offered a certain economy, for starting with a blue sheet meant that sky and water could simply be embellished with colour rather than created from scratch. With the greatest economy, in only a few dashes of watercolour, Turner could create powerful snapshots of fleeting weather effects, of storms, sunsets and rolling seas. In sparse but magnificent sketches we see Turner dragging and pushing colour around the page, as if the pigment were itself controlled by the elements Turner was seeking to capture. In later life he made reams of such watercolour sketches in so-called 'roll' sketchbooks, which, with paper covers, were flexible enough to be rolled up and kept in his jacket pocket. By this time Turner could also carry his colours in his pocket – thanks to new technologies in the production of artists' materials, small cubes of colour (pans) became available. Ingeniously, Turner converted an old almanac cover into a portable watercolour case featuring these pans of colour (Fig. 3).

While the speed and portability of watercolour made it an essential component in a career that revolved around travel, Turner's preferred means of gathering information when 'on the wing', as he called travelling, was pencil. Colouring on the go took 'too much time', as he said to a friend: he 'could make 15 or 16 pencil sketches to one coloured', usually developing the day's pencil sketches with colour when back in his lodgings.²¹ But something special happened on Turner's visit to Venice in 1840: there he sketched with the brush, making extensive use of a technique known as charging, dropping pigment into patches of water to create diffuse bleeds of colour that take their own course across the page (cat. 59).²² To capture the drama of the city at night, he inverted his method, working dark to light in hurried dashes and sweeps of vivid gouache on brown paper (cats. 82-84-85). Though they may be free, loose and informal, these rich, molten visions show Turner as a master in absolute control of his materials. Indeed, what better way to capture the spirit of the 'City of Water' than by using water itself?

Like Venice, Switzerland held a special place in Turner's mature imagination. Alongside the many cool, crisp evocations of its glacial lakes and mountains (cat. 66) sits

---

²¹ *Andrew Wilton,* Turner as Draughtsman *(London: Routledge, 2006), p.64.*
²² *For more on Turner's technique see Nicola Moorby and Ian Warrell, eds.,* How to Paint like Turner *(London: Tate, 2010).*

Fig. 4
Le Rigi bleu – Lever de soleil | *The Blue Rigi – Sunrise*
1842
Aquarelle sur papier | *watercolour on paper*
29,7 × 45 cm
Acheté avec l'aide du National Heritage Memorial Fund, du Art Fund (avec une contribution de la Wolfson Foundation et notamment le généreux soutien de David et Susan Gradel, et d'autres membres du public par le biais de l'appel Save the Blue Rigi) Tate Members et d'autres donateurs 2007 | *Purchased with assistance from the National Heritage Memorial Fund, the Art Fund (with a contribution from the Wolfson Foundation and including generous support from David and Susan Gradel, and from other members of the public through the Save the Blue Rigi appeal) Tate Members and other donors 2007*

sentation, mais, comme l'expriment des titres comme *Le Rigi sombre* ou *Le Rigi bleu*, l'objet même de cette représentation.

Dans ces aquarelles tardives, Turner, une fois encore, repousse les limites des conventions. Il y a donc quelque paradoxe à voir ses collectionneurs les rejeter – car dans leur usage audacieux, grandiose, de la couleur, dans leur exaltation de l'expérience, elles incarnent les qualités mêmes qui avaient fasciné les premiers amateurs et les avaient distinguées. De fait, nous plaçons aujourd'hui les dernières aquarelles de Turner parmi les plus belles réalisations qu'ait jamais produites ce médium. Elles sont l'expression même de ce que Turner pouvait nous communiquer des thèmes les plus hauts avec les moyens les plus simples et aux échelles les plus réduites, nous emportant vers des « mondes inconnus » où plus nous regardons, plus nous voyons. Les aquarelles de Turner continuent de nous faire ouvrir les yeux – des esquisses les plus extraordinairement simples aux compositions les plus immensément travaillées, elles nous intiment de regarder de plus près, et de regarder encore.

The Dark Rigi: Sample Study, one of a number of works from a late-life project that shows Turner's enduring zest for enterprise and experimentation, and his belief in watercolour as a worthy outlet for ambitious artistic expression (cats. 61-63). No longer long exhibiting watercolours and with major commissions from printmakers drying up, the 1840s saw Turner find a new way to sell watercolours. He employed an agent to share The Dark Rigi: Sample Study *and other 'sample studies' with a small circle of loyal collectors in the hope of soliciting commissions for finished versions. These prismatic effusions, deliberately paused in a half-realised state of being, excited some of his followers – John Ruskin declared the sample studies works of 'mighty power' that might even be more valuable for their suggestiveness than finished works from the same series like* The Blue Rigi – Sunrise *(Fig. 4).[23] But this new, intensely colour-led phase of watercolour was not to all collectors' taste. Some outright rejected these new works while others offered lower sums than the artist had hoped to raise; even the sales agent noted warily that the watercolours were 'not in Turner's usual style'.[24] In them he used thin, feathery washes to create the most subtle and harmonious gradations of colour, producing dream-like recollections of magnificent landscapes at their most ethereal. Light and colour were no longer the tools for representation, but, as titles like* The Dark Rigi *and* The Blue Rigi *show, the object of representation in themselves.*

In these late watercolours Turner was again stretching the bounds of convention. There is, therefore, something of an irony in his collectors' rejection of them – for in their bravura, bold use of colour, and experimentalism they embody the very same qualities that had rendered Turner's watercolours so attractive to collectors and such a cut above those of his peers in the first instance. Indeed, today we rank Turner's late watercolours amongst the finest works in the medium ever made. They epitomise how, on the smallest of scales and through the simplest of means Turner could express the grandest of themes and take us to 'worlds unknown' in which the more you look, the more you see. Turner's watercolours continue to make us open our eyes – from the most breathtakingly simple of sketches to the most heavily worked compositions, they require us to look closely, and to look again.

---

[23] *Edward Tyas Cook and Alexander Wedderburn (eds),* The Works of John Ruskin, *39 vols, London: George Allen, 1903–12, vol.13, pp. 475–485;* Works, *XXXVI, pp.125–6.*

[24] *Edward Tyas Cook and Alexander Wedderburn (eds),* The Works of John Ruskin, *39 vols, London: George Allen, 1903–12, vol.13, pp.477.*

Œuvres exposées
Exhibited works

1
Histoire d'Apollon et Daphné | *Story of Apollo and Daphne*
Exposée en 1837 | *exhibited 1837*
Huile sur panneau de bois | *oil paint on wood*
109,9 × 198,8 cm
Acceptée par la nation comme part du Legs Turner en 1856 | *Accepted by the nation as part of the Turner Bequest 1856*

Mémoire, imagination et synthèse

Les tableaux de Turner naissent de ses esquisses, de ses souvenirs et de son imagination. Il peint très rarement en extérieur et préfère travailler à l'huile dans l'atelier. Il mûrit parfois ses idées de peintures pendant de nombreuses années, au cours desquelles des événements et des expériences ultérieures s'ajoutent aux premières impressions à l'origine de l'idée. Il aime aussi travailler en séries, peignant en même temps plusieurs peintures dont les sujets sont proches ; il intervient alors sur ses toiles en se tournant de l'une à l'autre, avec les mêmes pinceaux et les mêmes pigments. Pour certaines, ses œuvres achevées sont des évolutions d'esquisses à l'huile, mais il garde aussi à l'atelier une réserve d'huiles inachevées, qu'il lui arrive d'apporter dans cet état à la Royal Academy pour les terminer dans les salles d'exposition durant les « jours de vernissage ». Il procède souvent d'une façon similaire avec les aquarelles, à partir de « débuts en couleurs » préparatoires, comme le montrent les quatre vues de Grenoble présentées ici : la ville prend forme, avec la saturation des couleurs, à mesure du travail.

Les voyages de Turner en Grande-Bretagne et en Europe jouèrent le rôle de catalyseur de son évolution artistique. Les premiers regards qu'il posa sur les Alpes lors du voyage de 1802 en France, en Savoie et en Suisse ainsi que son premier séjour italien, en 1819, furent des expériences formatrices, qui laissèrent dans son œuvre une empreinte durable. Turner, qui commence sa carrière comme aquarelliste de topographies avant d'évoluer vers la peinture à l'huile, est d'abord un peintre de paysages. Les dessins qu'il fait en plein air et ses nombreuses notations en couleur de la nature et des éléments sont une source de souvenirs emmagasinés. Il s'y abreuve pour animer les aquarelles achevées comme celles des rivières et des ports d'Angleterre, ou pour des peintures d'imagination figurant l'histoire, ancienne ou présente, la littérature, la vie contemporaine. Si les récits historiques ou mythologiques dans sa peinture s'inspirent de ses lectures de littérature classique traduite, il en fait aussi des métaphores d'événements récents, voire d'actualité. Son plus proche contemporain – il n'est guère son cadet que d'une année –, le peintre de paysage John Constable, admire sa « merveilleuse largeur d'esprit ».

Memory, Imagination and Synthesis

Turner's pictures were a compound of his sketches, memories and imagination. He very rarely painted outdoors and preferred to work in oil in his studio. His ideas for pictures sometimes developed over many years, during which subsequent events and experiences were added to the first impressions that originated the idea. Sometimes he worked in series, painting several pictures of related subjects at the same time, working across different canvases in rotation, with the same brushes and pigments. Some of his finished works evolved from oil sketches, but he also kept a stock of unfinished oils in his studio, which he could take to the Royal Academy to complete in the exhibition room during 'Varnishing Days'. In similar fashion, he often made finished watercolours from preparatory 'colour beginnings' like the four shown here depicting Grenoble. Through his painterly process, the city takes shape in increasingly saturated colour.

Turner's travels around Britain and Europe acted as a catalyst for his artistic development. His first sight of the Alps during a tour of France, Savoy and Switzerland in 1802 and his first visit to Italy in 1819 were formative experiences, leaving lasting legacies in his work. He began his career as a topographical watercolourist, before progressing to oil painting, and remained above all a painter of landscape. The line drawings he made in the open air and his many coloured records of nature and the elements constituted a fount of stored memories. He referred to them to animate finished watercolours such as those of English rivers and ports, and for imaginative pictures depicting past and present history, literature and contemporary life. While the historical or mythological stories in his pictures were inspired by his reading of classical literature in translation, he also used them as metaphors for recent or current events. His near contemporary, the landscape painter John Constable, admired his 'wonderful range of mind'.

Turner's knowledge of art history was prodigious and served as another source of inspiration. He painted many pictures in the tradition of past masters from

Turner avait une connaissance prodigieuse de l'histoire de l'art, qui fut aussi l'une de ses sources d'inspiration. Il a peint maints tableaux dans la tradition des maîtres du passé, de Claude Le Lorrain et Nicolas Poussin à Titien et Rembrandt, mais en interprète singulier, non pas en simple imitateur.

Claude Lorrain and Nicolas Poussin to Titian and Rembrandt, but always as an original interpreter rather than merely an imitator.

2
La Chute d'une avalanche dans les Grisons | *The Fall of an Avalanche in the Grisons*
Exposée en 1810 | *exhibited 1810*
Huile sur toile | *oil paint on canvas*
90,2 × 120 cm
Acceptée par la nation comme part du Legs Turner en 1856 | *Accepted by the nation as part of the Turner Bequest 1856*

3
Le Pont de Grenoble | *Grenoble Bridge*
Vers 1824 | *c. 1824*
Aquarelle sur papier | *watercolour on paper*
55,8 × 76,7 cm
Acceptée par la nation comme part du Legs Turner en 1856 | *Accepted by the nation as part of the Turner Bequest 1856*

4
Le Pont de Grenoble | *Grenoble Bridge*
Vers 1824 | *c. 1824*
Aquarelle sur papier | *watercolour on paper*
50,4 × 72 cm
Acceptée par la nation comme part du Legs Turner en 1856 | *Accepted by the nation as part of the Turner Bequest 1856*

5
Le Pont de Grenoble | *Grenoble Bridge*
Vers 1824 | *c. 1824*
Aquarelle et mine de plomb sur papier | *watercolour and graphite on paper*
55,5 × 75 cm
Acceptée par la nation comme part du Legs Turner en 1856 | *Accepted by the nation as part of the Turner Bequest 1856*

6
Le Pont de Grenoble | *Grenoble Bridge*
Vers 1824 | *c. 1824*
Aquarelle sur papier | *watercolour on paper*
47,4 × 69,5 cm
Acceptée par la nation comme part du Legs Turner en 1856 | *Accepted by the nation as part of the Turner Bequest 1856*

7
Grenoble depuis l'Isère,
avec la Porte de France |
*Grenoble from the River Isère,
with the Porte de France*
1802
Craie, gouache et mine de plomb sur papier |
chalk, gouache and graphite on paper
21,5 × 28,2 cm
Acceptée par la nation comme
part du Legs Turner en 1856 |
*Accepted by the nation as
part of the Turner Bequest 1856*

8
Un pont sur un ruisseau de montagne :
Gorges du Guiers Mort,
Saint-Pierre-de-Chartreuse (?) |
*A Bridge over a Mountain Stream: ?
Gorges du Guiers Mort, Chartreuse*
1802
Craie et mine de plomb sur papier |
chalk and graphite on paper
45,4 × 59,5 cm
Acceptée par la nation comme part
du Legs Turner en 1856 |
*Accepted by the nation as part of
the Turner Bequest 1856*

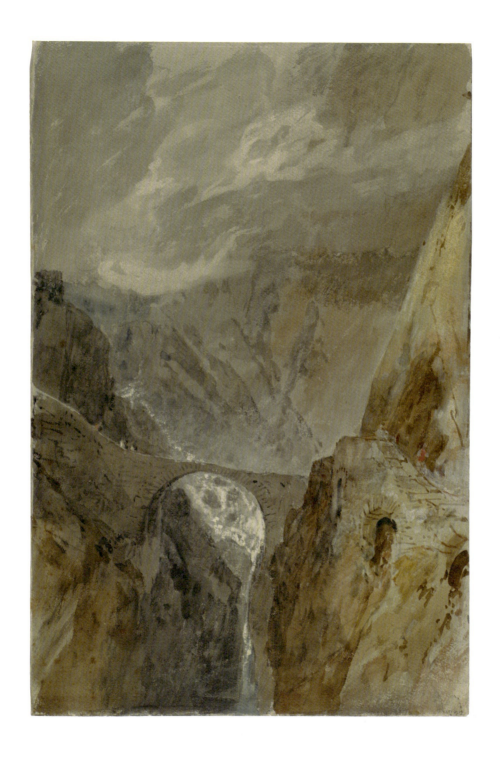

9
Le Pont du Diable et les gorges de Schöllenen | *The Devil's Bridge and Schöllenen Gorge*
1802
Mine de plomb, aquarelle et gouache sur papier | *graphite, watercolour and gouache on paper*
47,1 × 31,8 cm
Acceptée par la nation comme part du Legs Turner en 1856 | *Accepted by the nation as part of the Turner Bequest 1856*

10
Ramsgate | *Ramsgate*
Vers 1824 | *c. 1824*
Mine de plomb et aquarelle sur papier | *graphite and watercolour on paper*
16 × 23,2 cm
Acceptée par la nation comme part du Legs Turner en 1856 | *Accepted by the nation as part of the Turner Bequest 1856*

11
L'Embouchure du Humber | *The Mouth of the River Humber*
Vers 1824-5 | *c. 1824-5*
Gouache et aquarelle sur papier | *gouache and watercolour on paper*
16,2 × 24,2 cm
Acceptée par la nation comme part du Legs Turner en 1856 | *Accepted by the nation as part of the Turner Bequest 1856*

12
La Medway | *The Medway*
Vers 1824 | *c. 1824*
Mine de plomb et aquarelle sur papier | *graphite and watercolour on paper*
15,7 × 21,8 cm
Acceptée par la nation comme part du Legs Turner en 1856 | *Accepted by the nation as part of the Turner Bequest 1856*

13
Arche avec des arbres en bord de mer. Esquisse pour « La Séparation d'Héro et Léandre » |
Archway with Trees by the Sea; Sketch for « The Parting of Hero and Leander »
Vers 1827-8 | *c. 1827-8*
Huile sur toile | *oil paint on canvas*
61,5 × 80,3 cm
Acceptée par la nation comme part du Legs Turner en 1856 | *Accepted by the nation as part of the Turner Bequest 1856*

14
Esquisse pour « Ulysse raillant Polyphème » | *Sketch for « Ulysses Deriding Polyphemus »*
Vers 1827-8 | *c. 1827-8*
Huile sur toile | *oil paint on canvas*
60 × 89,2 cm
Acceptée par la nation comme part du Legs Turner en 1856 | *Accepted by the nation as part of the Turner Bequest 1856*

15
L'Estuaire du Plym depuis Boringdon Park | *The Plym Estuary from Boringdon Park*
1813
Equisse à l'huile sur papier | *oil sketch on paper*
24,5 × 30,7 cm
Acceptée par la nation comme part du Legs Turner en 1856 | *Accepted by the nation as part of the Turner Bequest 1856*

16
Le Ponte delle Torri, Spolète | *The Ponte delle Torri, Spoleto*
Vers 1840-5 | *c. 1840-5*
Huile sur toile | *oil paint on canvas*
91,4 × 121,9 cm
Acceptée par la nation comme part du Legs Turner en 1856 | *Accepted by the nation as part of the Turner Bequest 1856*

Mise en situation

Turner grandit en un temps où le genre de la peinture de paysage est souvent déprécié car il copie, comme le portrait, la réalité, sans la puissance intellectuelle et émotionnelle de la peinture d'histoire et de la peinture narrative. Le jeune peintre s'oppose à ces conceptions en plaçant la nature et les éléments au centre de son œuvre. Il cherche, en tant que créateur, à porter ses tableaux à la vie et à ébranler l'esprit du spectateur par sa mise en scène dramatique des forces de la nature.

Puisant aux conceptions contemporaines du sublime, qui exaltent l'émerveillement, l'admiration ou la terreur que produisent les scènes ou les événements météorologiques les plus dramatiques, la représentation la plus spectaculaire des éléments, Turner peint des flots et des tempêtes qui semblent toujours devoir nous submerger. Peut-être plus encore aujourd'hui, sous la menace destructrice des changements climatiques. À l'extrême opposé, ses scènes de vallées ensoleillées et de collines dont les sommets se perdent dans la brume sont presque transcendantes et nous transportent dans un monde plus parfait. Turner montre dans les séries de gravures qu'il rassemble pour son *Liber Studiorum* à quel point il maîtrise les types et les traditions du paysage – de montagne, pastoral, historique, idéal, rustique, architectural ou marin.

Le paysage dans les peintures de Turner est bien plus qu'un simple arrière-plan, c'est en lui-même un sujet du récit, où les éléments, la lumière et les phénomènes atmosphériques complètent, voire surpassent, le drame que jouent les protagonistes de ses peintures mythologiques ou historiques, comme dans *Bacchus et Ariane*. Parfois critiqué pour son traitement des figures dans ses peintures d'histoire, il démontre dans ses représentations exemplaires de la nature et des éléments son brio technique, à l'huile comme à l'aquarelle. Dans ses œuvres tardives, les phénomènes naturels dominent de plus en plus. Le soleil, le brouillard, la brume ou la pluie dissolvent ou obscurcissent les traits du paysage, les constructions des hommes et l'humanité elle-même – ce que Turner qualifiait d'« abstraction atmosphérique ».

Setting the Scene

Turner grew up at a time when the genre of landscape painting was often dismissed as merely imitative, like portraiture, and lacking the intellectual and emotional power of historical and narrative painting. He set out to counter this by placing nature and the elements at the heart of his work. As a creator, he sought to bring his pictures to life and affect the mood of spectators through his dramatic staging of the forces of nature.

Drawing on contemporary concepts of the Sublime, which prized feelings of awe, admiration or terror produced by the most dramatic scenery, weather or elemental effects, Turner painted storms and floods that still seem overwhelming today. Perhaps even more so when we feel actively threatened by destructive climate change. At the opposite extreme, his scenes of sunlit valleys and hazy hilltops are almost transcendent, transporting us to a more perfect world. He showed his mastery over a range of landscape types and traditions – mountainous, pastoral, historic, ideal, rustic, architectural, marine – in his series of prints, the Liber Studiorum.

Landscape was more than just background in Turner's pictures. It was a narrative subject in itself, with weather, light and atmospheric phenomena complementing or often exceeding the drama enacted by the protagonists of his mythological or historical pictures like Bacchus and Ariadne. *Sometimes criticised for his representation of figures in his story-based paintings, he showed his technical brilliance in oil and watercolour in his exemplary depictions of nature and the elements. In his later work, natural phenomena became increasingly dominant, with sunshine, fog, mist or rain dissolving or obscuring landscape features, man-made structures and humanity itself through what he called 'atmospheric abstraction'.*

17
Bacchus et Ariane | *Bacchus and Ariadne*
Exposée en 1840 | *exhibited 1840*
Huile sur toile | *oil paint on canvas*
78,7 × 78,7 cm
Acceptée par la nation comme part du Legs Turner en 1856 | *Accepted by the nation as part of the Turner Bequest 1856*

18
Étude pour « Didon et Enée » |
Study for « Dido and Aeneas »
1805
Stylo et encre sur papier |
pen and ink on paper
15 × 25,8 cm
Acceptée par la nation comme part
du Legs Turner en 1856 |
*Accepted by the nation as part of
the Turner Bequest 1856*

19
Étude pour « Apullia à la recherche d'Apulus » |
A Study for « Apullia in Search of Appullus »
Vers 1813 | *c. 1813*
Mine de plomb sur papier |
graphite and ink on paper
8,8 × 11,3 cm
Acceptée par la nation comme part
du Legs Turner en 1856 |
*Accepted by the nation as part
of the Turner Bequest 1856*

20
Apullia à la recherche d'Appullus | *Apullia in Search of Appullus*
Exposée en 1814 | *exhibited 1814*
Huile sur toile | *oil paint on canvas*
148,5 × 241 cm
Acceptée par la nation comme part du Legs Turner en 1856 | *Accepted by the nation as part of the Turner Bequest 1856*

21
Jason | *Jason*
Vers 1806-7 | *c. 1806-7*
Mine de plomb et aquarelle sur papier | *graphite and watercolour on paper*
18,5 × 26,4 cm
Acceptée par la nation comme part du Legs Turner en 1856 | *Accepted by the nation as part of the Turner Bequest 1856*

22
Ésaque et Hespérie | *Aesacus and Hesperie*
Vers 1817-18 | *c. 1817-18*
Eau-forte et aquarelle sur papier | *etching and watercolour on paper*
18 × 25,7 cm
Acceptée par la nation comme part du Legs Turner en 1856 | *Accepted by the nation as part of the Turner Bequest 1856*

23
Glaucos et Scylla | *Glaucus and Scylla*
Vers 1810-15 | *c. 1810-15*
Mine de plomb et aquarelle sur papier | *graphite and watercolour on paper*
22,3 × 27,9 cm
Léguée par Henry Vaughan en 1900 | *Bequeathed by Henry Vaughan 1900*

24
Procris et Céphale | *Procris and Cephalus*
Vers 1808 | *c. 1808*
Mine de plomb et aquarelle sur papier | *graphite and watercolour on paper*
18,5 × 26 cm
Acceptée par la nation comme part du Legs Turner en 1856 | *Accepted by the nation as part of the Turner Bequest 1856*

25
Les Murs de Rome avec le tombeau de Cestius Sestus | *The Walls of Rome with the Tomb of Caius Sestus*
Gravée en 1833 | *engraved 1833*
Aquarelle sur papier | *watercolour on paper*
23,2 × 28,5 cm
Léguée par Beresford Rimington Heaton en 1940 | *Bequeathed by Beresford Rimington Heaton 1940*

26
Le Parnasse et la fontaine de Castalie (Delphes) | *Parnassus and Castalian Spring (Delphi)*
Gravée en 1833 | *engraved 1833*
Aquarelle et gouache sur papier | *watercolour and gouache on paper*
25,6 × 20,5 cm
Léguée par Beresford Rimington Heaton 1940 | *Bequeathed by Beresford Rimington Heaton 1940*

27
Paestum | *Paestum*
Vers 1823-6 | *c. 1823-6*
Mine de plomb et aquarelle sur papier | *graphite and watercolour on paper*
21,4 × 30,8 cm
Acceptée par la nation comme part du Legs Turner en 1856 | *Accepted by the nation as part of the Turner Bequest 1856*

28
? L'Incendie de Rome | *?The Burning of Rome*
Vers 1834-40 | *c. 1834-40*
Gouache, mine de plomb et aquarelle sur papier | *gouache, graphite and watercolour on paper*
21,6 × 36,7 cm
Acceptée par la nation comme part du Legs Turner en 1856 | *Accepted by the nation as part of the Turner Bequest 1856*

Lumière et atmosphère

Turner racontait s'être fait attacher au mât d'un navire durant une forte tempête afin de mieux pouvoir peindre de mémoire la scène – à condition qu'il y survécût ! Il est possible qu'il ait inventé cette histoire, mais elle illustre parfaitement son engagement total dans son œuvre. Mieux que quiconque, il savait saisir sur une toile les effets extraordinaires des événements atmosphériques.

La fascination de Turner pour la lumière, l'atmosphère et les phénomènes naturels ne connaît pas de trêve et elle s'affirme depuis ses premiers voyages en Angleterre, au pays de Galles et en Écosse. Il les enregistre dans les dessins annotés de ses carnets, dans des aquarelles et dans des peintures comme *Matin sur la montagne de Coniston, Cumberland*, qu'il expose accompagnée d'une citation littéraire décrivant l'aube comme une manifestation de la providence. Au-delà de cette peinture, qui joue sur l'effet de contraste tandis que la nuit fait place au jour et que les brumes matinales sont dispersées par la chaleur du soleil, Turner va poursuivre son exploration de cette clarté qui semble sourdre de la toile et trouver de nouveaux moyens de la rendre, en passant des couches successives de glacis transparent sur un fond pâle ou blanc. *Margate*, peinture inachevée où une partie du fond blanc est encore visible, montre ce cheminement à l'œuvre. La méthode emprunte à la pratique de plus en plus expérimentale de Turner pour ses aquarelles, où il laisse apparaître le papier blanc en réserve ou bien à travers une couche transparente de lavis afin de marquer la lumière ou les reflets. Joseph Farington, membre, lui aussi, de la Royal Academy, disait de son confrère que lorsqu'il peignait à l'aquarelle, il « n'avait pas de manière bien établie mais posait les couleurs jusqu'à ce qu'elles expriment l'idée qu'il avait en tête ».

Les nombreuses études et esquisses que Turner a faites, pour lui, des vagues, de la mer, des nuages et du ciel, témoignent de sa virtuosité d'aquarelliste. Seuls les éléments y figurent. Rien du trait de côte, de la topographie ou de la vie maritime. Elles deviennent des méditations pleines de lumière sur la relation de l'artiste avec la nature créée et, au-delà, avec le monde intangible.

Light and Atmosphere

Turner claimed that he once tied himself to a ship's mast during a fierce storm so he could better paint the scene from memory – provided he survived! While he may have invented this story, it aptly illustrates his commitment to his work, for Turner knew better than anyone how to capture extraordinary atmospheric effects on canvas.

Turner's fascination for light, atmosphere and natural phenomena was compulsive, and evident from his earliest tours of England, Wales and Scotland. He recorded them in annotated line drawings in his sketchbooks, in watercolours, and in paintings such as Morning amongst the Coniston Fells, Cumberland *which he exhibited with a literary quotation describing dawn as a manifestation of divine providence. While this picture relies on contrast for its effect, as night gives way to day and early mist is dispersed by the warmth of the sun, Turner went on to explore ways of bringing an inner glow to his pictures by painting them in transparent glazes over a pale or white ground. An unfinished picture,* Margate, *shows this process in action, with some of the white ground still exposed. The method was borrowed from Turner's increasingly experimental practice in watercolour, where he allowed white paper to remain reserved or visible through transparent wash to register light or reflections. Royal Academician Joseph Farington wrote that when painting his watercolours "Turner has no settled process but drives the colours about till he has expressed the idea in his mind."*

Turner's virtuosity as a watercolourist can be seen in the many private studies and sketches he made of waves, sea, clouds and sky. These are often purely elemental, dispensing with coastal features, topography or marine life entirely and becoming light-filled meditations on the artist's relationship with natural creation and the intangible world beyond. Turner brilliantly exploited the fluid transparency of watercolour to capture elusive, fleeting effects. He did not present these images as finished works, but nor did he feel any need to embel-

29
Matin sur la montagne de Coniston, Cumberland | *Morning amongst the Coniston Fells, Cumberland*
Exposée en 1798 | *exhibited 1798*
Huile sur toile | *oil paint on canvas*
122,9 × 89,9 cm
Acceptée par la nation comme part du Legs Turner en 1856 | *Accepted by the nation as part of the Turner Bequest 1856*

Turner exploite avec une remarquable adresse la transparence fluide de l'aquarelle pour saisir des effets furtifs, fugaces. Il n'a jamais présenté ces images comme des œuvres achevées, mais jamais non plus n'a ressenti le besoin de leur apporter un ornement supplémentaire. Conservées dans son atelier comme des notes visuelles, elles ont sans aucun doute contribué à le dégager des scènes topographiques pour l'emporter vers l'abstraction lumineuse, éthérée, qui caractérise ses dernières peintures à l'huile achevées.

lish them further. Kept in his studio as visual references, they doubtless helped drive the trend away from scenic topography towards luminous, ethereal abstraction in his late finished oil paintings.

30
Yr Aran et Y Wyddfa (dans le massif du Snowdon, Pays de Galles) | *Yr Aran and Y Wyddfa*
Vers 1799-1800 | *c. 1799-1800*
Gouache, mine de plomb et aquarelle | *gouache, graphite and watercolour on paper*
54,8 × 77 cm
Acceptée par la nation comme part du Legs Turner en 1856 | *Accepted by the nation as part of the Turner Bequest 1856*

31
Le Snowdon et Dinas Emrys vu des hauts de Beddgelert | *Snowdon and Dinas Emrys from above Beddgelert*
Vers 1799-1800 | *c. 1799-1800*
Gouache, mine de plomb et aquarelle sur papier | *gouache, graphite and watercolour on paper*
55 × 77 cm
Acceptée par la nation comme part du Legs Turner en 1856 | *Accepted by the nation as part of the Turner Bequest 1856*

32
Vue du district des Lacs : ? Coniston Water | *A View in the Lake District: ?Coniston Water*
1797–8
Mine de plomb et aquarelle sur papier | *graphite and watercolour on paper*
54,8 × 77 cm
Acceptée par la nation comme part du Legs Turner en 1856 | *Accepted by the nation as part of the Turner Bequest 1856*

33
Vue sur le lac Llanberis en direction du Snowdon | *View across Llanberis Lake towards Snowdon*
Vers 1799-1800 | *c. 1799-1800*
Aquarelle sur papier | *watercolour on paper*
43,1 × 56 cm
Acceptée par la nation comme part du Legs Turner en 1856 | *Accepted by the nation as part of the Turner Bequest 1856*

34
Trois études de nuages et de pluie sur la mer, une au clair de lune | *Three Studies of Clouds over the Sea, One by Moonlight*
Vers 1820-40 | *c. 1820-40*
Aquarelle sur papier | *watercolour on paper*
54,2 × 33,6 cm
Acceptée par la nation dans le cadre du legs Turner en 1856 | *Accepted by the nation as part of the Turner Bequest 1856*

35
Grèves du Duddon, Cumbrie | *Duddon Sands, Cumbria*
Vers 1825-32 | *c. 1825-32*
Mine de plomb, aquarelle et craie sur papier | *graphite, watercolour and chalk on paper*
27,6 × 45,2 cm
Acceptée par la nation comme part du Legs Turner en 1856 | *Accepted by the nation as part of the Turner Bequest 1856*

36
La Felouque | *The Felucca*
Vers 1824 | *c. 1824*
Mine de plomb et aquarelle sur papier | *graphite and watercolour on paper*
19,7 × 26,7 cm
Acceptée par la nation comme part du Legs Turner en 1856 | *Accepted by the nation as part of the Turner Bequest 1856*

37
Navigation | *Shipping*
Vers 1825-30 | *c. 1825-30*
Huile sur panneau d'acajou | *oil paint on mahogany*
67,9 × 91,8 cm
Acceptée par la nation comme part du Legs Turner en 1856 | *Accepted by the nation as part of the Turner Bequest 1856*

38
Navire dans une tempête | *Ship in a Storm*
Vers 1823-6 | *c. 1823-6*
Mine de plomb et aquarelle sur papier | *graphite and watercolour on paper*
24,1 × 30 cm
Acceptée par la nation comme part du Legs Turner en 1856 | *Accepted by the nation as part of the Turner Bequest 1856*

39
Mer et ciel | *Sea and Sky*
Vers 1820-30 | *c. 1820-30*
Aquarelle sur papier | *watercolour on paper*
24 × 30,5 cm
Acceptées par la nation comme part du Legs Turner en 1856 | *Accepted by the nation as part of the Turner Bequest 1856*

40
Un voilier ou bateaux en mer avec nuages de grain | *A Sailing Boat or Boats at Sea with Blustery Clouds*
Vers 1823-6 | *c. 1823-6*
Aquarelle sur papier | *watercolour on paper*
24 × 30,4 cm
Acceptée par la nation comme part du Legs Turner en 1856 | *Accepted by the nation as part of the Turner Bequest 1856*

41
La Pleine Lune sur l'eau | *The Full Moon over Water*
Vers 1823-6 | *c. 1823-6*
Aquarelle sur papier | *watercolour on paper*
25,1 × 38,1 cm
Acceptée par la nation comme part du Legs Turner en 1856 | *Accepted by the nation as part of the Turner Bequest 1856*

42
Navigation depuis Mewstone (peut-être une étude de la « côte Sud ») |
Shipping off the Mewstone (possibly a study for the 'Southern Coast')
Vers 1811 | *c. 1811*
Mine de plomb et aquarelle sur papier | *graphite and watercolour on paper*
21,5 × 31,4 cm
Acceptée par la nation comme part du Legs Turner en 1856 | *Accepted by the nation as part of the Turner Bequest 1856*

43
Une mer agitée au large de Brighton ou Deal ? | *A Rough Sea ?off Brighton or Deal*
Vers 1824-5 | *c. 1824-5*
Aquarelle sur papier | *watercolour on paper*
14,3 × 21,7 cm
Acceptée par la nation comme part du Legs Turner en 1856 | *Accepted by the nation as part of the Turner Bequest 1856*

44
Arbres dans une forte brise avec des nuages de grain | *Trees in a Strong Breeze with Blustery Clouds*
Vers 1823-6 | *c. 1823-6*
Aquarelle sur papier | *watercolour on paper*
24,3 × 30,4 cm
Acceptée par la nation comme part du Legs Turner en 1856 | *Accepted by the nation as part of the Turner Bequest 1856*

45
Trois études de nuages et de pluie sur la mer et la côte | *Three Studies of Clouds and Rain over the Sea and Coast*
Vers 1826-40 | *c. 1826-40*
Aquarelle sur papier | *watercolour on paper*
55 × 38,8 cm
Acceptée par la nation comme part du Legs Turner en 1856 | *Accepted by the nation as part of the Turner Bequest 1856*

46
? Lever du Soleil : Pêche au merlan à Margate | *?Sunrise: Whiting Fishing at Margate*
? 1822
Aquarelle sur papier | *watercolour on paper*
38,8 × 49,7 cm
Acceptée par la nation comme part du Legs Turner en 1856 | *Accepted by the nation as part of the Turner Bequest 1856*

47
Margate | *Margate*
Vers 1830 | *c. 1830*
Aquarelle et mine de plomb sur papier | *watercolour and graphite on paper*
35,2 × 51,8 cm
Acceptée par la nation comme part du Legs Turner en 1856 | *Accepted by the nation as part of the Turner Bequest 1856*

48
Margate | *Margate*
Vers 1806-7 | *c. 1806-7*
Huile sur toile | *oil paint on canvas*
85,7 × 116,2 cm
Acceptée par la nation comme part du Legs Turner en 1856 |
Accepted by the nation as part of the Turner Bequest 1856

Une esthétique du sublime

Luminous Sublime

Comme tant d'autres dans sa génération, Turner s'est inspiré des *Recherches philosophiques sur l'origine des idées que nous avons du beau et du sublime* (1757) d'Edmund Burke, qui s'interroge sur l'émerveillement et la peur que suscitent les paysages grandioses et la puissance des éléments dans la nature. Avec ses peintures de paysage, Turner lance sa propre « recherche esthétique et philosophique ». La présence du sublime devient un fil conducteur de son œuvre, et prend, dans ses dernières années, une expression plus diffuse et plus abstraite.

Les premières peintures de Turner ont un coloris sombre, qui évoque les aspects les plus inquiétants du sublime burkien, et que ne viennent alléger que quelques lueurs de lumière ici et là. Avec le temps, sa palette s'éclaircit, jusqu'à l'éblouissement. Il associe la lumière, réelle, symbolique ou représentée dans la mythologie par le dieu Apollon, avec les lumières de l'esprit et la victoire de l'art et de la culture sur le fruste et le rustre. « La lumière, c'est par conséquent la couleur », pense-t-il. Et il est enchanté par les premiers maîtres de la lumière, comme le peintre français Claude Le Lorrain. Il considère dès lors que sa mission artistique, pour l'essentiel, est de représenter la lumière.

La lumière, le soleil lui-même, au centre de nombreuses peintures de Turner, sont presque ses signatures et jouent un rôle d'agents de la perception visuelle et émotionnelle. Les aquarelles exposées ici furent réalisées en des lieux d'une qualité de lumière particulière, où Turner se plaisait pour cette raison à revenir régulièrement séjourner. Au début des années 1840, il se rend tous les ans en Suisse et, bien souvent, loge dans le même hôtel de Lucerne, le long du lac, avec vue sur le mont Rigi, dont les changements de couleur, depuis l'aube jusqu'au crépuscule, le fascinent tant qu'il quitte à peine la fenêtre de sa chambre et ne se sépare guère du carnet posé en permanence sur sa table. Venise et Margate ont en commun leur lumière d'eau, mais dans la seconde, Turner trouve ce qu'il considère comme

Like many of his generation, Turner was inspired by Edmund Burke's Philosophical Enquiry into our Ideas of the Sublime *(1757), a book which explored the awe and fear aroused by grand landscapes and nature's powerful elements. Turner launched his own 'aesthetic and philosophical enquiry' through his landscape paintings. The presence of the sublime became an important thread throughout his work, and in later years took on a more diffuse and abstract expression.*

Turner's early pictures were sombre in colouring, evoking the more foreboding aspects of the Burkean sublime that were only relieved by occasional gleams of light. Over time, his palette lightened until it became uniquely dazzling. He came to associate light, actual, symbolic or represented mythologically by the sun god Apollo, with enlightenment and the victory of art and culture over the primitive and brutish. Believing 'light is therefor colour' he became enamoured with earlier masters of light, such as the French painter Claude Lorrain, and saw the depiction of light as an essential artistic mission.

Light and the sun itself are centred in many of Turner's paintings, almost as signatures of the artist himself, and act as agents of visual and emotional perception. Watercolours shown here were made in places with distinctive and peculiar qualities of light that brought him back for repeat visits. During annual visits to Switzerland in the early 1840s, he often returned to Lucerne where his hotel looked along the lake to Mont Rigi, whose changes of colour from dawn to dusk provided such continuous fascination that he hardly left the window of his room or the sketchbook at his table. Venice and Margate shared an aqueous light while the latter also benefited from what Turner thought the finest skies in Europe due to their propensity for flaming sunsets. These special beauties inspired some of his most expressive later watercolours, in which brilliant, transparent colours were floated 'wet on wet' on damp paper and dabbed, scratched or rubbed to create hazy effects of dissolution and transcendence.

les plus beaux ciels d'Europe, parce qu'il y observe souvent de flamboyants couchers de soleil. Leurs beautés singulières inspirent certaines de ses aquarelles tardives les plus expressives, où les couleurs, éclatantes et transparentes, sont posées « mouillé sur mouillé », sur le papier humide, puis tamponnées, grattées ou frottées pour créer des effets vaporeux de dissolution et de transcendance.

49
Festival à Venise | *Venetian Festival*
Vers 1845 | *c. 1845*
Huile sur toile | *oil paint on canvas*
72,4 × 113,3 cm
Acceptée par la nation comme part du Legs Turner en 1856 | *Accepted by the nation as part of the Turner Bequest 1856*

50
Santa Maria della Salute et la Dogana, Venise au coucher du Soleil, par-delà le bassin [de Saint-Marc] |
Santa Maria della Salute and the Dogana, Venice, at Sunset, across the Bacino
1840
Aquarelle sur papier | *watercolour on paper*
22,2 × 32,1 cm
Acceptée par la nation comme part du Legs Turner en 1856 | *Accepted by the nation as part of the Turner Bequest 1856*

51
Bateaux sur la lagune près de Venise, autour du crépuscule | *Boats on the Lagoon near Venice, around Sunset*
1840
Aquarelle sur papier | *watercolour on paper*
24,6 × 30,6 cm
Acceptée par la nation comme part du Legs Turner en 1856 | *Accepted by the nation as part of the Turner Bequest 1856*

52
Venise, la Piazzetta avec la cérémonie du Doge épousant la mer |
Venice, the Piazzetta with the Ceremony of the Doge Marrying the Sea
Vers 1835 | *c. 1835*
Huile sur toile | *oil paint on canvas*
91,4 × 121,9 cm
Acceptée par la nation comme part du Legs Turner en 1856 |
Accepted by the nation as part of the Turner Bequest 1856

53
Sommets | *Mountain Peaks*
Après 1830 | *after c. 1830*
Aquarelle sur papier | *watercolour on paper*
24,4 × 29,9 cm
Acceptée par la nation comme part
du Legs Turner en 1856 |
*Accepted by the nation as part of
the Turner Bequest 1856*

54
Bellinzone | *Bellinzona*
Après 1830 env. | *after c. 1830*
Mine de plomb et aquarelle sur papier |
graphite and watercolour on paper
72,7 × 98,3 cm
Acceptée par la nation comme part
du Legs Turner en 1856 |
*Accepted by the nation as part of
the Turner Bequest 1856*

55
La Moselle (?) | *?Moselle*
Vers 1830 | *c. 1830*
Gouache et aquarelle sur papier | *gouache and watercolour on paper*
13,7 × 18,8 cm
Acceptée par la nation comme part du Legs Turner en 1856 | *Accepted by the nation as part of the Turner Bequest 1856*

56
Rochers sur la Meuse | *Rocks on the Meuse*
Vers 1839 | *c. 1839*
Gouache et aquarelle sur papier | *gouache and watercolour on paper*
14 × 19 cm
Acceptée par la nation comme part du Legs Turner en 1856 | *Accepted by the nation as part of the Turner Bequest 1856*

57
Le Mont Blanc et le Glacier des Bossons du haut de Chamonix, aube | *Mont Blanc and the Glacier des Bossons from above Chamonix, dawn*
1836
Aquarelle sur papier | *watercolour on paper*
24,5 × 30,6 cm
Acceptée par la nation comme part du Legs Turner en 1856 | *Accepted by the nation as part of the Turner Bequest 1856*

58
Le Mont Blanc et le glacier des Bossons, surplombant la vallée de l'Arve jusqu'à Chamonix ; matin pâle |
Mont Blanc and the Glacier des Bossons, looking down the Arve Valley to Chamonix; Pale Morning
1836
Mine de plomb et aquarelle sur papier | *graphite and watercolour on paper*
25,2 × 28 cm
Acceptée par la nation comme part du Legs Turner en 1856 | *Accepted by the nation as part of the Turner Bequest 1856*

59
San Giorgio Maggiore, Venise, au coucher du soleil, sur la Riva degli Schiavoni |
San Giorgio Maggiore, Venice, at Sunset, from along the Riva degli Schiavoni
1840
Pastel sur papier | *watercolour on paper*
24,4 × 30,6 cm
Acceptée par la nation comme part du Legs Turner en 1856 | *Accepted by the nation as part of the Turner Bequest 1856*

60
Navigation au large de la Riva degli Schiavoni, Venise, près du Ponte dell'Arsenale, avec San Giorgio Maggiore, Santa Maria della Salute et le Campanile de San Marco (Saint-Marc) derrière | *Shipping off the Riva degli Schiavoni, Venice, near the Ponte dell'Arsenale, with San Giorgio Maggiore, Santa Maria della Salute and the Campanile of San Marco (St Mark's) Beyond*
1840
Aquarelle sur papier | *watercolour on paper*
24,4 × 30,7 cm
Acceptée par la nation comme part du Legs Turner en 1856 | *Accepted by the nation as part of the Turner Bequest 1856*

61
Le Rigi dans l'ombre, étude échantillon | *The Dark Rigi : Sample Study*
Vers 1841-2 | *c. 1841-2*
Aquarelle sur papier | *watercolour on paper*
23,1 × 32,4 cm
Acceptée par la nation comme part du Legs Turner en 1856 | *Accepted by the nation as part of the Turner Bequest 1856*

62
Jour de fête à Zurich, tôt le matin,
étude échantillon |
*A Fête Day in Zurich: Early Morning:
Sample Study*
Vers 1845 | *c. 1845*
Mine de plomb et aquarelle sur papier |
graphite and watercolour on paper
23,4 × 32,6 cm
Acceptée par la nation comme part
du Legs Turner en 1856 |
*Accepted by the nation as part of
the Turner Bequest 1856*

63
Lucerne vue des murs, étude échantillon |
Lucerne from the Walls: Sample Study
Vers 1841-2 | *c. 1841-2*
Mine de plomb et aquarelle sur papier |
graphite and watercolour on paper
23,4 × 31,2 cm
Acceptée par la nation comme part
du Legs Turner en 1856 |
*Accepted by the nation as part of
the Turner Bequest 1856*

64
Nuages sur le Rigi au lever du soleil, depuis Lucerne |
Clouds over the Rigi at Sunrise, from Lucerne
Vers 1844 | *c. 1844*
Aquarelle sur papier | *watercolour on paper*
24,9 × 37,1 cm
Acceptée par la nation comme part du Legs Turner en 1856 |
Accepted by the nation as part of the Turner Bequest 1856

65
Tempête sur le Rigi | *A Storm over the Rigi*
Vers 1844 | *c. 1844*
Aquarelle sur papier | *watercolour on paper*
25 × 37,2 cm
Acceptée par la nation comme part du Legs Turner en 1856 |
Accepted by the nation as part of the Turner Bequest 1856

66
Lucerne | *Lucerne [Turner]*
Après 1830 env. | *after c. 1830*
Gouache et aquarelle sur papier | *gouache and watercolour on paper*
24,9 × 31,1 cm
Acceptée par la nation comme part du Legs Turner en 1856 | *Accepted by the nation as part of the Turner Bequest 1856*

67
Montagnes. Le Saint-Gothard | *Mountains. S. Gothard [Turner]*
Après 1830 | *after c. 1830*
Aquarelle sur papier | *watercolour on paper*
71,1 × 96,5 cm
Acceptée par la nation comme part du Legs Turner en 1856 | *Accepted by the nation as part of the Turner Bequest 1856*

68
Le Mont Saint-Gothard | *Mt St Gothard*
Vers 1806-7 | *c. 1806-7*
Aquarelle sur papier | *watercolour on paper*
18,4 × 26 cm
Acceptée par la nation comme part
du Legs Turner en 1856 |
*Accepted by the nation as part of
the Turner Bequest 1856*

69
L'Ange troublant l'eau calme | *The Angel Troubling the Pool*
Vers 1845 | *c. 1845*
Mine de plomb et aquarelle sur papier | *graphite and watercolour on paper*
22,8 × 29 cm
Acceptée par la nation comme part du Legs Turner en 1856 | *Accepted by the nation as part of the Turner Bequest 1856*

70
Le Lac, Petworth, coucher de soleil, étude, parmi une série | *The Lake, Petworth, Sunset; Sample Study*
Vers 1827-8 | *c. 1827-8*
Huile sur toile | *oil paint on canvas*
89,9 × 120,3 cm
Acceptée par la nation comme part du Legs Turner en 1856 | *Accepted by the nation as part of the Turner Bequest 1856*

71
Paysage avec eau | *Landscape with Water*
Vers 1840-5 | *c. 1840-5*
Huile sur toile | *oil paint on canvas*
91,4 × 121,9 cm
Acceptée par la nation comme part du Legs Turner en 1856 | *Accepted by the nation as part of the Turner Bequest 1856*

72
Le Rameau d'Or | *The Golden Bough*
Exposée en 1834 | *exhibited 1834*
Huile sur toile | *oil paint on canvas*
61,6 × 92,4 cm
Don de Robert Vernon, 1847 | *Presented by Robert Vernon 1847*

Face aux ténèbres

Darkness Visible

S'appuyant sur les théories des couleurs d'Isaac Newton (1643-1727) et de Johann Wolfgang von Goethe (1749-1832), Turner attribuait à la lumière et à l'obscurité une égale valeur visuelle et émotionnelle dans la nature comme dans l'art. Le sublime de la lumière ne peut exister sans celui de l'obscurité, et pour tirer plus d'effets, il les réunit souvent ou les oppose dans des peintures réalisées par paires.

Dans les premières œuvres de Turner, le sublime obscur est porté par de lourds nuages de tempête et des eaux d'encre. *Le Lac de Buttermere avec une partie du lac Crummock Water, Cumberland, averse* laisse filtrer une pâle lumière et apparaître un arc de brume blanche dans l'ombre qui les environne. Pour cette peinture, Turner a travaillé à partir d'une esquisse qui condense l'existence presque simultanée du calme et de la tempête, comme il a pu, sur place, en être témoin lors d'un séjour dans le district des Lacs, au nord-ouest de l'Angleterre. Sur un dessin de son carnet, il a écrit, à la surface du lac : « noir ».

Et Turner a beau devenir un maître de la lumière, dont la palette s'éclaircit, une veine noire parcourt son œuvre et reparaît dans les scènes de conflit, de catastrophe ou de tragédie, inspirant la crainte au spectateur. Vers la fin de sa carrière, le sublime obscur prend des formes qui, de plus en plus, sont celles des éléments, dans ses représentations de tempêtes en mer, ou bien chargent ses sujets de puissance émotive. À propos des voiles noires d'un navire duquel un corps est enseveli en mer, Turner dit qu'il eût souhaité « avoir la couleur pour les faire plus noires ».

Turner n'utilisait que rarement du noir ou du blanc purs, ne s'en servant que pour renforcer la sensation visuelle et l'émotion. Il les convoque dans *La Vision de l'échelle de Jacob*, où des anges de blanc vêtus montent vers le ciel comme Jacob l'a vu en songe. Illuminant le fond obscur, ils représentent l'éveil spirituel de Jacob. Pour recréer son équivalent esthétique et profane, le vieux Turner faisait attendre ses visiteurs dans une pièce obscure avant de les laisser entrer dans sa galerie de peintures, afin qu'ils soient éblouis par les toiles pleines de lumière qui y étaient accrochées.

Based on studies of the colour theories of Isaac Newton (1643–1727) and Johann Wolfgang von Goethe (1749–1832), Turner considered light and darkness as equal visual and emotional values in art and nature. The sublimity of light could not exist without the sublimity of darkness, and he often juxtaposed the two for greater impact, or contrasted them in paired pictures.

In Turner's early works, the dark sublime is manifest in ominous storm clouds and inky waters. Buttermere Lake, with Part of Cromackwater, Cumberland, a Shower *introduces pale light and a white fog bow to the surrounding gloom to evoke wonder at the grandeur of nature and the transience of time and weather. Turner based the painting on a sketch that encapsulates the simultaneously quiet and stormy conditions in England's Lake District, which he experienced in situ. In a drawing in his sketchbook, he wrote 'black' on the surface of the lake.*

As much as he was a master of light whose palette became increasingly brilliant, a black streak runs throughout his oeuvre, appearing in scenes of conflict, disaster or tragedy and inspiring fear in the viewer. Towards the end of his career, the dark sublime takes increasingly elemental forms in depictions of storms at sea, or adds emotive power to subject pictures. Remarking on the black sails of a ship from which a body is being cast overboard for burial, Turner wished he 'had colour to make them blacker'.

Turner used black or white in their pure forms only sparingly, reserving them for visual and emotional emphasis. They appear together in The Vision of Jacob's Ladder (?) *where white-robed angels climb the ladder to heaven as seen by Jacob in his dream. Illuminating the dark background, they represent Jacob's spiritual awakening. To create a secular, aesthetic equivalent, the elderly Turner kept visitors waiting in a dark room before letting them into his gallery of pictures, so they would be dazzled by the light-filled canvases displayed within.*

73
Apollon et Python | *Apollo and Python*
Exposée en 1811 | *exhibited 1811*
Huile sur toile | *oil paint on canvas*
145,4 × 237,5 cm
Acceptée par la nation comme part du Legs Turner en 1856 | *Accepted by the nation as part of the Turner Bequest 1856*

74
Arc-en-ciel, avec du bétail | *A Rainbow, with Cattle*
Vers 1815 | *c. 1815*
Aquarelle sur papier | *watercolour on paper*
25,6 × 41,5 cm
Acceptée par la nation comme part du Legs Turner en 1856 | *Accepted by the nation as part of the Turner Bequest 1856*

75
Le Lac de Buttermere avec une partie du lac Crummock Water, Cumberland, averse |
Buttermere Lake, with Part of Cromackwater, Cumberland, a Shower
Exposée en 1798 | *exhibited 1798*
Huile sur toile | *oil paint on canvas*
88,9 × 119,4 cm
Acceptée par la nation comme part du Legs Turner en 1856 | *Accepted by the nation as part of the Turner Bequest 1856*

76
Tempête en mer | *Storm at Sea*
Vers 1824 | *c. 1824*
Aquarelle sur papier | *watercolour on paper*
19,6 × 27,5 cm
Acceptée par la nation comme part du Legs Turner en 1856 | *Accepted by the nation as part of the Turner Bequest 1856*

77
Nuages de pluie s'approchaint au-dessus d'un paysage | *Rain Clouds Approaching over a Landscape*
Vers 1822-40 | *c. 1822-40*
Gouache et aquarelle sur papier | *gouache and watercolour on paper*
18,2 × 22,6 cm
Acceptée par la nation comme part du Legs Turner en 1856 | *Accepted by the nation as part of the Turner Bequest 1856*

78
Mer agitée | *Stormy Sea*
Vers 1830 | *c. 1830*
Gouache et aquarelle sur papier | *gouache and watercolour on paper*
13,8 × 18,9 cm
Acceptée par la nation comme part du Legs Turner en 1856 | *Accepted by the nation as part of the Turner Bequest 1856*

79
Mer agitée avec une épave en flammes | *Stormy Sea with Blazing Wreck*
Vers 1835-40 | *c 1835-40*
Huile sur toile | *oil paint on canvas*
99,4 × 141,6 cm
Acceptée par la nation comme part du Legs Turner en 1856 | *Accepted by the nation as part of the Turner Bequest 1856*

80
Lumières d'un feu, lumières de lampes |
Fire-Light and Lamp-Light
1827
Gouache et aquarelle sur papier | *gouache and watercolour on paper*
13,9 × 19,3 cm
Acceptée par la nation comme part du Legs Turner en 1856 |
Accepted by the nation as part of the Turner Bequest 1856

81
Les Phares de la Hève (vignette) |
Light-Towers of la Hève (vignette)
Vers 1832 | *c. 1832*
Gouache et aquarelle sur papier |
gouache and watercolour on paper
18,8 × 13,4 cm
Acceptée par la nation comme part du Legs Turner en 1856 |
Accepted by the nation as part of the Turner Bequest 1856

82
Étude de la lumière du feu, peut-être dans un atelier de verrier, Venise | *A Study of Firelight, Perhaps in a Glass Workshop, Venice*
1840
Gouache et aquarelle sur papier | *gouache and watercolour on paper*
22,6 × 29,4 cm
Acceptée par la nation comme part du Legs Turner en 1856 | *Accepted by the nation as part of the Turner Bequest 1856*

83
La Vision de l'échelle de Jacob (?) | *The Vision of Jacob's Ladder (?)*
Vers 1830 | *c. 1830*
Huile sur toile | *oil paint on canvas*
123,2 × 188 cm
Acceptée par la nation comme part du Legs Turner en 1856 | *Accepted by the nation as part of the Turner Bequest 1856*

84
Le Campanile de San Marco (Saint-Marc), Venise, de l'hôtel Europa (Palazzo Giustiniani) la nuit, avec des feux d'artifice sur le Môle |
The Campanile of San Marco (St Mark's), Venice, from the Hotel Europa (Palazzo Giustiniani) at Night, with Fireworks over the Molo
1840
Aquarelle, gouache et craie sur papier | *watercolour, bodycolour and chalk on paper*
22,8 × 30 cm
Acceptée par la nation comme part du Legs Turner en 1856 | *Accepted by the nation as part of the Turner Bequest 1856*

85
Le Campanile de San Marco (Saint-Marc), Venise, de l'hôtel Europa (Palazzo Giustiniani) au clair de lune |
The Campanile of San Marco (St Mark's), Venice, from the Hotel Europa (Palazzo Giustinian) by Moonlight
1840
Gouache et aquarelle sur papier | *watercolour and gouache on paper*
24 × 30,9 cm
Acceptée par la nation comme part du Legs Turner en 1856 | *Accepted by the nation as part of the Turner Bequest 1856*

En regard de la nature

Facing Nature

Turner aimait observer par lui-même la nature et réalisait souvent des esquisses sur le vif. Celles-ci nous permettent aujourd'hui de regarder par-dessus son épaule tandis qu'il dessine, et de partager ses impressions personnelles, intimes. De même, ses aquarelles plus achevées révèlent son propre point de vue sur le monde. Dans quelques œuvres, rares, il se figure lui-même, au sens littéral ou symbolique.

C'est en 1802, durant sa première expédition dans les Alpes ou peu après, que Turner peint *Les Contamines, à l'aube : vers Saint-Gervais et le mont Blanc*. Le soleil se lève à peine, au matin d'une longue marche. Les figures au premier plan sont probablement l'artiste, ses compagnons de voyages et leur guide. Un rayon de soleil semble désigner leur chemin et leur promettre une belle journée, en même temps qu'il met en lumière l'immense silhouette du mont Blanc. Sur la peinture *La Nouvelle Lune*, le petit homme trapu fumant son cigare est certainement Turner, marchant sur la grève de Margate en compagnie de sa maîtresse, également sa propriétaire, Mrs. Booth, qui habite la ville. Turner se tient là, au seuil de la vieillesse, en un lieu qui compte parmi ceux qu'il préfère au monde, dont il admire l'un des glorieux couchers de soleil. Les enfants espiègles qui se disputent leurs jouets – « J'ai perdu mon bateau, tu n'auras pas ton cerceau » – parviennent jusqu'à nous comme le récit d'un souvenir personnel.

Turner allait à Margate et en revenait par le vapeur – comme celui qu'on voit en arrière-plan. Il aimait ces possibilités offertes par le progrès technologique, et n'avait peut-être pas découvert que les couchers de soleil écarlates de Margate l'étaient d'autant plus que la pollution atmosphérique venait de Londres ou du Continent après avoir traversé la Manche. Les années au cours desquelles il a vécu et travaillé ont été façonnées par la révolution industrielle, dont il a témoigné des innovations inouïes et de leurs conséquences sur le paysage et l'environnement. Des tableaux comme *Pluie, vapeur et vitesse – le Great Western Railway* ou *Tempête de neige – Vapeur au large de l'entrée d'un*

Turner loved to observe nature first-hand and frequently made sketches on the spot. In these we can look over his shoulder as he draws, sharing his intimate, personal impressions. His more finished watercolours similarly reveal his own perspective on the world. In a few special works he included himself, literally or symbolically.

During or shortly after his first Alpine expedition in 1802, Turner painted Les Contamines, Dawn: Looking towards St Gervais and Mont Blanc *depicting an early sunrise before a long day's trek. The figures in the foreground are probably the artist and his travelling companions and guide. A sunbeam spotlights their route and promises them a fine day, while also throwing the huge profile of Mont Blanc into relief. In the painting* The New Moon, *Turner is surely the short, stocky man smoking a cigar, walking on the beach at Margate, while his companion is his mistress and landlady Mrs Booth who lived in the town. Turner stands here on the verge of old age, in one of his favourite places and admiring one of its famous sunsets. The playful children arguing over their toys – 'I've lost my boat, you shan't have your hoop' – come down to us as a personal memory.*

Turner travelled to and from Margate by steamboat, one of which is in the picture's background. He enjoyed such benefits of technological progress, and may not have realised that Margate's red sunsets were intensified by atmospheric pollution spreading from London and across the Channel from continental Europe. Living and working in decades shaped by the Industrial Revolution, he bore witness to unprecedented innovations and their impact on landscape and the environment. Pictures like Rain, Steam and Speed. The Great Western Railway *and* Snow Storm - Steam-Boat off a Harbour's Mouth, *instantly famous and even more so through engravings, show a world in transition from horse power and sail to the age of coal and steam. They shed light on Turner's exploration of how humanity has, through the ages, transformed the world and was now changing the atmosphere as well, filling it with smog and smoke and creating a new and savage beauty.*

port, qui ont eu un retentissement immédiat, que la gravure a encore renforcé, révèlent un monde ayant renoncé au cheval et à la voile pour entrer dans l'ère du charbon et de la vapeur. Ces œuvres mettent en lumière la quête de Turner auprès d'une humanité capable à travers les âges de transformer son environnement, et qui, désormais, changeait même l'atmosphère, l'emplissant de ses nuages de fumées créant aussi une beauté nouvelle et sauvage.

86
Les Contamines, à l'aube : vers Saint-Gervais et le mont Blanc |
Les Contamines, Dawn: Looking towards St Gervais and Mont Blanc
1802
Mine de plomb, craie, aquarelle et gouache sur papier | *graphite, chalk, watercolour and gouache on paper*
32 × 47,5 cm
Acceptée par la nation comme part du Legs Turner en 1856 | *Accepted by the nation as part of the Turner Bequest 1856*

87
Newcastle-upon-Tyne,
gravée par Thomas Lupton |
*Newcastle-upon-Tyne,
engraved by Thomas Lupton*
1823
Manière noire sur papier | *mezzotint on paper*
15,6 × 21,9 cm
Achetée en 1986 | *Purchased 1986*

88
Lancastre vue de l'aqueduc |
Lancaster from the Aqueduct Bridge
1827
Gravure sur papier | *engraving on paper*
16,5 × 23,2 cm
Achetée en 1986 | *Purchased 1986*

89
Saumur, gravée par R. Wallis |
Saumur, engraved by R. Wallis
Publiée en 1831 | *published 1831*
Gravure sur papier | *engraving on paper*
11,4 × 16,1 cm
Transférée du British Museum en 1988 |
Transferred from the British Museum 1988

90
La Chaise de Gargantua, près de Duclair, gravée par R. Brandard |
La Chaise de Gargantua, near Duclair, engraved by R. Brandard
Publiée en 1834 | *published 1834*
Gravure sur papier | *engraving on paper*
12,1 × 15 cm
Transférée du British Museum en 1988 |
Transferred from the British Museum 1988

91
Rouen, gravée par R. Brandard |
Rouen, engraved by R. Brandard
Publiée en 1834 | *published 1834*
Gravure sur papier | *engraving on paper*
11,7 × 14,4 cm
Transférée du British Museum en 1988 |
Transferred from the British Museum 1988

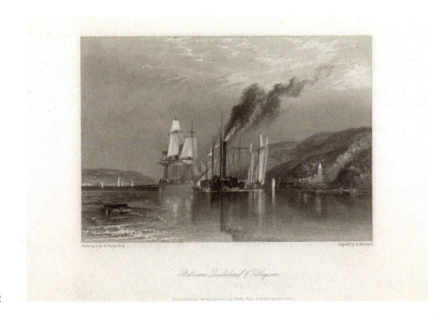

92
Entre Quillebeuf et Villequier |
Between Quillebeuf and Villequier
Publiée en 1834 | *published 1834*
Gravure sur papier | *engraving on paper*
15,4 × 23,3 cm
Transférée de la librairie en 1988 |
Transferred from the Library 1988

93
Le Havre, tour de François Ier,
gravée par Robert Wallis |
*Havre, Tower of Francis I,
engraved by Robert Wallis*
1834
Gravure sur papier | *engraving on paper*
14,1 × 22,2 cm
Transférée de la Bibliothèque en 1990 |
Transferred from the Library 1990

94
Dudley, Worcestershire,
gravée par R. Wallis |
*Dudley, Worcestershire,
engraved by R. Wallis*
Publiée en 1835 | *published 1835*
Gravure au trait sur papier |
engraving on paper
17 × 24,2 cm
Transférée du British Museum en 1988 |
Transferred from the British Museum 1988

95
Pluie, vapeur et vitesse, gravée par R. Brandard | *Rain, Steam, and Speed, engraved by R. Brandard*
Publiée en 1859-61 | *published 1859-61*
Gravure sur papier | *engraving on paper*
26,8 × 22,2 cm
Transférée du British Museum en 1988 | *Transferred from the British Museum 1988*

96
Tempête de neige, gravée par R. Brandard | *Snow-Storm, engraved by R. Brandard*
Publiée en 1859-61 | *published 1859-61*
Gravure sur papier | *engraving on paper*
21,9 × 26,9 cm
Transférée du British Museum en 1988 | *Transferred from the British Museum 1988*

97
Jetée et navigation, ? Margate, Kent | *Jetty and Shipping, ? Margate. Kent*
Vers 1834 | *c. 1834*
Craie sur papier | *chalk on paper*
13,9 × 22,8 cm
Acceptée par la nation comme part du Legs Turner en 1856 | *Accepted by the nation as part of the Turner Bequest 1856*

98
Une jetée ? avec un vapeur en mer dans le lointain | *A Jetty, ? with a Steamer at Sea in the Distance*
Vers 1842-45 | *c. 1842-45*
Aquarelle sur papier | *watercolour on paper*
25,5 × 39,3 cm
Acceptée par la nation comme part du Legs Turner en 1856 | *Accepted by the nation as part of the Turner Bequest 1856*

99
La Nouvelle Lune ou « J'ai perdu mon bateau, tu n'as pas ton cerceau. » |
The New Moon; or, 'I've lost My Boat, You shan't have Your Hoop'
Exposée en 1840 | *exhibited 1840*
Huile sur panneau d'acajou | *oil paint on mahogany*
65,4 × 81,3 cm
Acceptée par la nation comme part du Legs Turner en 1856 |
Accepted by the nation as part of the Turner Bequest 1856

The Sun is God

Turner, au cours des dernières semaines de sa vie, aurait prononcé ces mots : « *The Sun is God* » (« Le Soleil, c'est Dieu »). Quoi qu'il ait voulu dire, le soleil est une présence récurrente et toujours plus intense dans son œuvre. Il est son sujet préféré, le « plus beau des êtres », le « premier acclamateur », disait-il. Composant le final triomphal de l'exposition, quatre peintures des dernières années plongent le spectateur dans leur lumière : chaleureuse et flamboyante du *Départ pour le bal (San Martino)* ; baignant, menaçante, le port de Carthage où l'amour de Didon et d'Énée est condamné à mort dans *La Visite au tombeau* ; tellement intense qu'elle en est aveuglante et presque hallucinante dans deux œuvres inachevées, *Coucher de soleil du haut du Rigi* et le *Lac des Quatre-Cantons, la baie d'Uri depuis [les hauteurs] au-dessus de Brunnen*.

Turner puise aux théories scientifiques les plus récentes sur la lumière et la couleur, comme les études de Goethe sur l'après-image laissée sur la rétine lorsqu'on a directement regardé le soleil, et consacre un carnet à une éclipse de soleil. Hormis son intérêt pour la science, il est inspiré par la mythologie classique, peignant à maintes reprises le dieu Apollon, et il rend gloire au soleil avec les poèmes (parfois de sa main) qui accompagnent les peintures qu'il expose à la Royal Academy.

Certains chercheurs ont vu dans ses soleils des autoportraits. À l'époque romantique, l'artiste est souvent peint comme un génie doué par Dieu de sa capacité à créer. Cette idée étant communément représentée sous les espèces du soleil, les peintures solaires de Turner pourraient être vues comme des représentations de son génie ou de son origine divine. On peut aussi considérer que ces peintures sont plus modestement la reconnaissance des lumières d'une création pour laquelle il aura travaillé si dur tout au long de sa vie.

The Sun is God

In his last weeks, Turner is said to have declared 'The Sun is God'. Whatever his intended meaning, the sun was a recurrent, ever brighter presence in Turner's work. It was his most beloved subject, the 'fairest of beings' or 'prime cheerer,' as he said. As a triumphal finale to the exhibition, four paintings from late in his career immerse the viewer in their light: warm and glowing in Going to the Ball (San Martino); *setting balefully over Carthage harbour as Dido and Aeneas pursue their doomed love affair in* The Visit to the Tomb; *or so blindingly intense as to be almost hallucinogenic in two unfinished pictures,* Sunset from the Top of the Rigi *and* Lake Lucerne: the Bay of Uri from above Brunnen.

Turner followed the latest scientific theories relating to light and colour, such as Goethe's studies of after-images left on the retina after staring directly at the sun, and devoted a sketchbook to a solar eclipse. Besides scientific interests he was inspired by classical mythology, repeatedly painting the sun god Apollo, and praised the sun in the poetic verse (including his own) which accompanied the paintings he exhibited at the Royal Academy.

Some scholars have interpreted his suns as self-portraits. In the Romantic era, the artist was often portrayed as a genius with God-given creative ability. As this idea was commonly illustrated through the motif of the sun, Tuner's solar paintings might be seen as representations of his genius as well as its divine origins. A more modest view might be that they acknowledged the creative enlightenment for which he worked so hard throughout his life.

100
Départ pour le bal (San Martino) | *Going to the Ball (San Martino)*
Exposée en 1846 | *exhibited 1846*
Huile sur toile | *oil paint on canvas*
61,6 × 92,4 cm
Acceptée par la nation comme part du Legs Turner en 1856 | *Accepted by the nation as part of the Turner Bequest 1856*

101
Coucher de soleil du haut du Rigi | *Sunset From the Top of the Rigi*
Vers 1844 | *c. 1844*
Huile sur toile | *oil paint on canvas*
71,1 × 96,5 cm
Acceptée par la nation comme part du Legs Turner en 1856 | *Accepted by the nation as part of the Turner Bequest 1856*

102
Lac des Quatre-Cantons, la baie d'Uri au-dessus de Brunnen | *Lake Lucerne: the Bay of Uri from above Brunnen*
Vers 1844 | *c. 1844*
Huile sur toile | *oil paint on canvas*
72,7 × 98,3 cm
Acceptée par la nation comme part du Legs Turner en 1856 | *Accepted by the nation as part of the Turner Bequest 1856*

103
La Visite au tombeau | *The Visit to the Tomb*
Exposée en 1850 | *exhibited 1850*
Huile sur toile | *oil paint on canvas*
91,4 × 121,9 cm
Acceptée par la nation comme part du Legs Turner en 1856 |
Accepted by the nation as part of the Turner Bequest 1856

Chronologie

1775
Joseph Mallord William Turner naît le 23 avril, dans le quartier de Covent Garden à Londres, fils d'un père barbier-perruquier et de Mary (née Marshall).

1786
Séjourne à Margate, sur la côte du Kent, chez un oncle poissonnier. Il commence à dessiner.

1787
Premiers dessins signés et datés, surtout des copies d'après d'autres artistes ; son père expose son travail dans la vitrine de son échoppe de barbier.

1789
Après avoir travaillé pour plusieurs architectes, Thomas Malton l'engage (1748-1804), « mon véritable maître ». Admis aux cours de l'Académie royale après une période d'essai d'une année.

1790
Expose sa première aquarelle à l'Académie royale de Londres. A partir de ce moment il y montre ses œuvres régulièrement.

1792
Commence à étudier dans la classe de dessin de l'Académie royale et entreprend sa première pérégrination dans le sud du Pays de Galles et dans la vallée de la Wye. Voyager pendant la belle saison afin de recueillir des renseignements pour des œuvres qu'il achève ensuite dans son atelier en hiver fait désormais partie de la routine professionnelle.

1793
La Royal Society of Arts lui décerne le prix de la *Greater Silver Palette (Grande Palette d'argent)* pour des dessins de paysage.

1794
Voyage dans les Midlands du centre de l'Angleterre et dans le nord du Pays de Galles.

Fig. 1
Charles Taylor
Devant la Royal Academy | Front of the Royal Academy, Strand
Gravure | *engraving*
1795
Royal Academy | Peter Jackson Collection | Brigeman images

1796
Présente sa première peinture à l'huile *Pêcheurs en mer (Tate Gallery)* à l'Académie royale.

1797
Parcourt le nord de l'Angleterre et le district des Lacs.

1799
Est élu membre de l'Académie royale.

Fig. 2
Pêcheurs en mer | *Fishermen at Sea*
Exposée en 1796 | *exhibited 1796*
Huile sur toile | *oil paint on canvas*
91,4 × 122,2 cm
Achat 1972 | *Purchased 1972*

1800
Sa mère souffrant de neurasthénie est admise au Bethlehem Royal Hospital pour aliénés.

1802
Est élu académicien à l'Académie royale. Durant la paix d'Amiens, il entreprend son premier voyage en France, en Savoie et en Suisse où il séjourne à Martigny. Au retour il s'arrête trois semaines à Paris où il étudie les maîtres anciens au Louvre et visite les ateliers de Jacques-Louis David et de Pierre-Narcisse Guérin.

1804
La mère de Turner décède dans un asile psychiatrique à Islington, Londres. Ouvre une galerie dans sa maison de Harley Street, à Londres et pour sa première exposition il y montre des œuvres réalisées à la suite du voyage de 1802. Turner exposera dans ce lieu chaque année, tout en continuant à envoyer des travaux à l'Académie. Son père s'installe avec son fils, s'occupe de son ménage et travaille avec lui comme assistant.

1807
Commence à publier son *Liber Studiorum*, un ensemble de gravures d'après ses peintures de paysage. Élu professeur de perspective à l'Académie royale. L'œuvre de Turner est mentionnée pour la première fois en France dans le *Magasin encyclopédique*.

1810
Réside désormais au 47 de Queen Anne Street West. En primeur, il présente *Chute d'une avalanche dans les Grisons* dans sa galerie.

1811
Débute en tant que professeur de perspective à l'Académie royale.

1812
Turner construit une maison à Twickenham, à l'ouest de Londres, appelée par la suite Sandycombe Lodge.

Fig. 3
Martigny : La Bâtiaz surplombant une rue de la ville | *Martigny : La Bâtiaz Overlooking a Street in the Town*
1802
Craie, gouache et mine de plomb sur papier | *chalk, gouache and graphite on paper*
28,5 × 21,2 cm
Acceptée par la nation comme part du Legs Turner en 1856 | *Accepted by the nation as part of the Turner Bequest 1856*

1814
Visite à Portsmouth pour réaliser des croquis relatifs à une revue de la flotte, à laquelle assistent le tsar de Russie, le roi de Prusse et le prince régent.

1817
Voyage en Belgique, en Hollande et dans la vallée du Rhin ; se rend sur le site de la bataille de Waterloo.

1819-1820
Premier déplacement de six mois en Italie où il réside principalement à Venise et Rome. Élu membre honoraire de l'académie de Saint-Luc, à Rome, sur la recommandation d'Antonio Canova.

1821
Séjourne à Paris et chemine le long de la Seine, réalisant des vues destinées à la gravure.

1822
Se rend en Ecosse afin d'assister à une visite royale, celle de Georges IV. Une toile célébrant cet événement est à l'évidence envisagée ainsi que des études à l'huile (Tate Gallery), mais aucune œuvre achevée n'en résultera.

1824
Voyage en Belgique, au Luxembourg, en Allemagne et en France dans la région de la Meuse et de la Moselle.

1825
Commence à travailler à son projet topographique le plus ambitieux, les *Vues pittoresques de l'Angleterre et du Pays de Galles,* quelques-unes de ses aquarelles sont parmi les plus belles et les plus achevées 1826 Visite la Bretagne et la région de la Loire.

1828
Donne ses derniers cours de perspective mais garde son statut de professeur jusqu'en 1837. Séjourne à Petworth House, dans le Sussex, peint les tableaux pour la Carved Room. Retourne à Rome, y demeurant jusqu'au début de 1829 et exposant ses travaux récents au Palazzo Trulli.

Fig. 5
La salle sculptée de Petworth House (comté de West Sussex), avec les quatre peintures de Turner restaurées sur les lambris |
The Carved Room, with the four paintings by Turner restored to the panelling, at Petworth House and Park, West Sussex
National Trust

1829
Séjourne à Paris, parcourt les rives de la Seine et la côte normande. Le 29 septembre son père décède et est inhumé à Saint Paul, Covent Garden.

1830
Voyage dans les Midlands pour les *Vues pittoresques de l'Angleterre et du Pays de Galles.*

1832
Se balade le long de la Loire et demeure à Paris, où il rencontre Eugène Delacroix.

Fig. 4
George IV a Saint-Gilles, Edimbourg |
George IV at St Giles's Edinburgh
Vers 1822 | *c. 1822*
Huile peinte sur panneau d'acajou | *oil paint on mahogany*
74,6 × 91,8 cm
Acceptée par la nation comme part du Legs Turner, 1856 |
Accepted by the nation as part of the Turner Bequest 1856

1833
Les premières toiles vénitiennes de Turner sont exposées à l'Académie royale. Demeure à Berlin, Dresde, Prague, Vienne et Venise.

1834
A bord d'un bateau sur la Tamise, il observe l'incendie du vieux palais de Westminster. La violence du feu l'inspire pour une série d'aquarelles et deux peintures à l'huile.

1835
Se déplace au Danemark, dans le nord de l'Allemagne et en Bohême.

1836
Sillonne la France et le val d'Aoste.

1837
Quitte son poste de professeur de perspective à l'Académie. Accession au trône de la reine Victoria à la mort de Guillaume IV. Elle dira de Turner qu'il est « fou ».

1841-1844
Séjours d'été en Suisse, ponctués d'escales à Constance, Zurich, Thoune, Fribourg, Lausanne, Genève, Berne, Bâle avec une halte prolongée à Lucerne. En 1844, il prospecte la Suisse pour la dernière fois, le mauvais temps gâche son périple.

1845
Après plusieurs maladies, sa santé commence à décliner, l'empêchant de retourner à Venise et en Suisse comme prévu. Mais, encore actif il entreprend des étapes moins importantes. Demeure deux fois dans le nord de la France, découvre Dieppe et la côte picarde. Le roi Louis-Philippe le reçoit dans son château d'Eu. Président par intérim de l'Académie royale lors de la maladie du président, il assure la vice-présidence jusqu'à la fin de l'année 1846.

1846
Sa santé décline de plus en plus. Il passe maintenant le plus clair de son temps avec Mme Booth, son ancienne logeuse à Chelsea, dans l'ouest de Londres. Afin de préserver sa vie privée, il prend un nom d'emprunt et dissimule son adresse à ses amis.

1848
Turner prend un assistant, Francis Sherrell, mais n'expose pas à l'Académie royale pour la première fois depuis 1824.

1849
Refuse une rétrospective à la Society of Arts, à Londres, en raison probablement de son piètre état de santé.

1850
Montre ses oeuvres pour la dernière fois à l'Académie royale.

1851
Il s'éteint le 19 décembre dans sa maison de Chelsea et est enterré le 30 décembre. Le service funéraire est célébré en la cathédrale Saint-Paul, à Londres et il est inhumé dans la crypte de ladite cathédrale.

1856
Le Legs Turner (le fonds qui demeure de peintures, d'œuvres d'atelier, de dessins, d'aquarelles et de carnets d'esquisses) entre au patrimoine de la nation britannique.

Fig. 6
George Jones
Turner's Body lying in State, 29 December 1851
Après | *after* 1851
Huile sur carton | *oil on milboard*
14 × 23 cm
Ashmolean Museum, Oxford
Présentée par Mme Jones, la veuve de l'artiste, 1881 | *Presented by Mrs Jones, the artist's widow, 1881*

Liste des œuvres
List of works

1. Histoire d'Apollon et Daphné | *Story of Apollo and Daphne*
Exposée en 1837 | *exhibited 1837*
Huile sur panneau de bois | *oil paint on wood*
109,9 × 198,8 cm
Acceptée par la nation comme part du Legs Turner en 1856 | *Accepted by the nation as part of the Turner Bequest 1856*

2. La Chute d'une avalanche dans les Grisons | *The Fall of an Avalanche in the Grisons*
Exposée en 1810 | *exhibited 1810*
Huile sur toile | *oil paint on canvas*
90,2 × 120 cm
Acceptée par la nation comme part du Legs Turner en 1856 | *Accepted by the nation as part of the Turner Bequest 18567*

3. Le Pont de Grenoble | *Grenoble Bridge*
Vers 1824 | *c. 1824*
Aquarelle sur papier | *watercolour on paper*
55,8 × 76,7 cm
Acceptée par la nation comme part du Legs Turner en 1856 | *Accepted by the nation as part of the Turner Bequest 1856*

4. Le Pont de Grenoble | *Grenoble Bridge*
Vers 1824 | *c. 1824*
Aquarelle sur papier | *watercolour on paper*
50,4 × 72 cm
Acceptée par la nation comme part du Legs Turner en 1856 | *Accepted by the nation as part of the Turner Bequest 1856*

5. Le Pont de Grenoble | *Grenoble Bridge*
Vers 1824 | *c. 1824*
Aquarelle et mine de plomb sur papier | *watercolour and graphite on paper*
55,5 × 75 cm
Acceptée par la nation comme part du Legs Turner en 1856 | *Accepted by the nation as part of the Turner Bequest 1856*

6. Le Pont de Grenoble | *Grenoble Bridge*
Vers 1824 | *c. 1824*
Aquarelle sur papier | *watercolour on paper*
47,4 × 69,5 cm
Acceptée par la nation comme part du Legs Turner en 1856 | *Accepted by the nation as part of the Turner Bequest 1856*

7. Grenoble depuis l'Isère, avec la Porte de France | *Grenoble from the River Isère, with the Porte de France*
1802
Craie, gouache et mine de plomb sur papier | *chalk, gouache and graphite on paper*
21,5 × 28,2 cm
Acceptée par la nation comme part du Legs Turner en 1856 | *Accepted by the nation as part of the Turner Bequest 1856*

8. Un pont sur un ruisseau de montagne : Gorges du Guiers Mort, Saint-Pierre-de-Chartreuse (?) | *A Bridge over a Mountain Stream: ? Gorges du Guiers Mort, Chartreuse*
1802
Craie et mine de plomb sur papier | *chalk and graphite on paper*
45,4 × 59,5 cm
Acceptée par la nation comme part du Legs Turner en 1856 | *Accepted by the nation as part of the Turner Bequest 1856*

9. Le Pont du Diable et les gorges de Schöllenen | *The Devil's Bridge and Schöllenen Gorge*
1802
Mine de plomb, aquarelle et gouache sur papier | *graphite, watercolour and gouache on paper*
47,1 × 31,8 cm
Acceptée par la nation comme part du Legs Turner en 1856 | *Accepted by the nation as part of the Turner Bequest 1856*

10. Ramsgate | *Ramsgate*
Vers 1824 | *c. 1824*
Mine de plomb et aquarelle sur papier | *graphite and watercolour on paper*
16 × 23,2 cm
Acceptée par la nation comme part du Legs Turner en 1856 | *Accepted by the nation as part of the Turner Bequest 1856*

11. L'Embouchure du Humber | *The Mouth of the River Humber*
Vers 1824-5 | *c. 1824-5*
Gouache et aquarelle sur papier | *gouache and watercolour on paper*
16,2 × 24,2 cm
Acceptée par la nation comme part du Legs Turner en 1856 | *Accepted by the nation as part of the Turner Bequest 1856*

12. La Medway | *The Medway*
Vers 1824 | *c. 1824*
Mine de plomb et aquarelle sur papier | *graphite and watercolour on paper*
15,7 × 21,8 cm
Acceptée par la nation comme part du Legs Turner en 1856 | *Accepted by the nation as part of the Turner Bequest 1856*

13. Arche avec des arbres en bord de mer. Esquisse pour « La Séparation d'Héro et Léandre » | *Archway with Trees by the Sea; Sketch for « The Parting of Hero and Leander »*
Vers 1827-8 | *c. 1827-8*
Huile sur toile | *oil paint on canvas*
61,5 × 80,3 cm
Acceptée par la nation comme part du Legs Turner en 1856 | *Accepted by the nation as part of the Turner Bequest 1856*

14. Esquisse pour « Ulysse raillant Polyphème » | *Sketch for « Ulysses Deriding Polyphemus »*
Vers 1827-8 | *c. 1827-8*
Huile sur toile | *oil paint on canvas*
60 × 89,2 cm
Acceptée par la nation comme part du Legs Turner en 1856 | *Accepted by the nation as part of the Turner Bequest 1856*

15. L'Estuaire du Plym depuis Boringdon Park | *The Plym Estuary from Boringdon Park*
1813
Equisse à l'huile sur papier | *oil sketch on paper*
24,5 × 30,7 cm
Acceptée par la nation comme part du Legs Turner en 1856 | *Accepted by the nation as part of the Turner Bequest 1856*

16. Le Ponte delle Torri, Spolète | *The Ponte delle Torri, Spoleto*
Vers 1840-5 | *c. 1840-5*
Huile sur toile | *oil paint on canvas*
91,4 × 121,9 cm
Acceptée par la nation comme part du Legs Turner en 1856 | *Accepted by the nation as part of the Turner Bequest 1856*

17. Bacchus et Ariane | *Bacchus and Ariadne*
Exposée en 1840 | *exhibited 1840*
Huile sur toile | *oil paint on canvas*
78,7 × 78,7 cm
Acceptée par la nation comme part du Legs Turner en 1856 | *Accepted by the nation as part of the Turner Bequest 1856*

18. Étude pour « Didon et Enée » | *Study for « Dido and Aeneas »*
1805
Stylo et encre sur papier | *pen and ink on paper*
15 × 25,8 cm
Acceptée par la nation comme part du Legs Turner en 1856 | *Accepted by the nation as part of the Turner Bequest 1856*

19. Étude pour « Apullia à la recherche d'Apulus » | *A Study for « Apullia in Search of Appullus »*
Vers 1813 | *c. 1813*
Mine de plomb sur papier | *graphite and ink on paper*
8,8 × 11,3 cm
Acceptée par la nation comme part du Legs Turner en 1856 | *Accepted by the nation as part of the Turner Bequest 1856*

20. Apullia à la recherche d'Appullus | *Apullia in Search of Appullus*
Exposée en 1814 | *exhibited 1814*
Huile sur toile | *oil paint on canvas*
148,5 × 241 cm
Acceptée par la nation comme part du Legs Turner en 1856 | *Accepted by the nation as part of the Turner Bequest 1856*

21. Jason | *Jason*
Vers 1806-7 | *c. 1806-7*
Mine de plomb et aquarelle sur papier | *graphite and watercolour on paper*
18,5 × 26,4 cm
Acceptée par la nation comme part du Legs Turner en 1856 | *Accepted by the nation as part of the Turner Bequest 1856*

22. Ésaque et Hespérie | *Aesacus and Hesperie*
Vers 1817-18 | *c. 1817-18*
Eau-forte et aquarelle sur papier | *etching and watercolour on paper*
18 × 25,7 cm
Acceptée par la nation comme part du Legs Turner en 1856 | *Accepted by the nation as part of the Turner Bequest 1856*

23. Glaucos et Scylla | *Glaucus and Scylla*
Vers 1810-15 | *c. 1810-15*
Mine de plomb et aquarelle sur papier | *graphite and watercolour on paper*
22,3 × 27,9 cm
Léguée par Henry Vaughan en 1900 | *Bequeathed by Henry Vaughan 1900*

24. Procris et Céphale | *Procris and Cephalus*
Vers 1808 | *c. 1808*
Mine de plomb et aquarelle sur papier | *graphite and watercolour on paper*
18,5 × 26 cm
Acceptée par la nation comme part du Legs Turner en 1856 | *Accepted by the nation as part of the Turner Bequest 1856*

25. Les Murs de Rome avec le tombeau de Cestius Sestus | *The Walls of Rome with the Tomb of Caius Sestus*
Gravée en 1833 | *engraved 1833*
Aquarelle sur papier | *watercolour on paper*
23,2 × 28,5 cm
Léguée par Beresford Rimington Heaton en 1940 | *Bequeathed by Beresford Rimington Heaton 1940*

26. Le Parnasse et la fontaine de Castalie (Delphes) | *Parnassus and Castalian Spring (Delphi)*
Gravée en 1833 | *engraved 1833*
Aquarelle et gouache sur papier | *watercolour and gouache on paper*
25,6 × 20,5 cm
Léguée par Beresford Rimington Heaton 1940 | *Bequeathed by Beresford Rimington Heaton 1940*

27. Paestum | *Paestum*
Vers 1823-6 | *c. 1823-6*
Mine de plomb et aquarelle sur papier | *graphite and watercolour on paper*
21,4 × 30,8 cm
Acceptée par la nation comme part du Legs Turner en 1856 | *Accepted by the nation as part of the Turner Bequest 1856*

28. ? L'Incendie de Rome | *? The Burning of Rome*
Vers 1834-40 | *c. 1834-40*
Gouache, mine de plomb et aquarelle sur papier | *gouache, graphite and watercolour on paper*
21,6 × 36,7 cm
Acceptée par la nation comme part du Legs Turner en 1856 | *Accepted by the nation as part of the Turner Bequest 1856*

29. Matin sur la montagne de Coniston, Cumberland | *Morning amongst the Coniston Fells, Cumberland*
Exposée en 1798 | *exhibited 1798*
Huile sur toile | *oil paint on canvas*
122,9 × 89,9 cm
Acceptée par la nation comme part du Legs Turner en 1856 | *Accepted by the nation as part of the Turner Bequest 1856*

30. Yr Aran et Y Wyddfa
(dans le massif du Snowdon, Pays de Galles) | *Yr Aran and Y Wyddfa*
Vers 1799-1800 | *c. 1799-1800*
Gouache, mine de plomb et aquarelle | *gouache, graphite and watercolour on paper*
54,8 × 77 cm
Acceptée par la nation comme part du Legs Turner en 1856 | *Accepted by the nation as part of the Turner Bequest 1856*

31. Le Snowdon et Dinas Emrys vu des hauts de Beddgelert | *Snowdon and Dinas Emrys from above Beddgelert*
Vers 1799-1800 | *c. 1799-1800*
Gouache, mine de plomb et aquarelle sur papier | *gouache, graphite and watercolour on paper*
55 × 77 cm
Acceptée par la nation comme part du Legs Turner en 1856 | *Accepted by the nation as part of the Turner Bequest 1856*

32. Vue du district des Lacs : ? Coniston Water | *A View in the Lake District: ?Coniston Water*
1797–8
Mine de plomb et aquarelle sur papier | *graphite and watercolour on paper*
54,8 × 77 cm
Acceptée par la nation comme part du Legs Turner en 1856 | *Accepted by the nation as part of the Turner Bequest 1856*

33. Vue sur le lac Llanberis en direction du Snowdon | *View across Llanberis Lake towards Snowdon*
Vers 1799-1800 | *c. 1799-1800*
Aquarelle sur papier | *watercolour on paper*
43,1 × 56 cm
Acceptée par la nation comme part du Legs Turner en 1856 | *Accepted by the nation as part of the Turner Bequest 1856*

34. Trois études de nuages et de pluie sur la mer, une au clair de lune | *Three Studies of Clouds over the Sea, One by Moonlight*
Vers 1820-40 | *c. 1820-40*
Aquarelle sur papier | *watercolour on paper*
54,2 × 33,6 cm
Acceptée par la nation dans le cadre du legs Turner en 1856 | *Accepted by the nation as part of the Turner Bequest 1856*

35. Grèves du Duddon, Cumbrie | *Duddon Sands, Cumbria*
Vers 1825-32 | *c. 1825-32*
Mine de plomb, aquarelle et craie sur papier | *graphite, watercolour and chalk on paper*
27,6 × 45,2 cm
Acceptée par la nation comme part du Legs Turner en 1856 | *Accepted by the nation as part of the Turner Bequest 1856*

36. La Felouque | *The Felucca*
Vers 1824 | *c. 1824*
Mine de plomb et aquarelle sur papier | *graphite and watercolour on paper*
19,7 × 26,7 cm
Acceptée par la nation comme part du Legs Turner en 1856 | *Accepted by the nation as part of the Turner Bequest 1856*

37. Navigation | *Shipping*
Vers 1825-30 | c. *1825-30*
Huile sur panneau d'acajou | *oil paint on mahogany*
67,9 × 91,8 cm
Acceptée par la nation comme part du Legs Turner en 1856 | *Accepted by the nation as part of the Turner Bequest 1856*

38. Navire dans une tempête | *Ship in a Storm*
Vers 1823-6 | *c. 1823-6*
Mine de plomb et aquarelle sur papier | *graphite and watercolour on paper*
24,1 × 30 cm
Acceptée par la nation comme part du Legs Turner en 1856 | *Accepted by the nation as part of the Turner Bequest 1856*

39. Mer et ciel | *Sea and Sky*
Vers 1820-30 | *c. 1820-30*
Aquarelle sur papier | *watercolour on paper*
24 × 30,5 cm
Acceptées par la nation comme part du Legs Turner en 1856 | *Accepted by the nation as part of the Turner Bequest 1856*

40. Un voilier ou bateaux en mer avec nuages de grain | *A Sailing Boat or Boats at Sea with Blustery Clouds*
Vers 1823-6 | *c. 1823-6*
Aquarelle sur papier | *watercolour on paper*
24 × 30,4 cm
Acceptée par la nation comme part du Legs Turner en 1856 | *Accepted by the nation as part of the Turner Bequest 1856*

41. La Pleine Lune sur l'eau | *The Full Moon over Water*
Vers 1823-6 | *c. 1823-6*
Aquarelle sur papier | *watercolour on paper*
25,1 × 38,1 cm
Acceptée par la nation comme part du Legs Turner en 1856 | *Accepted by the nation as part of the Turner Bequest 1856*

42. Navigation depuis Mewstone
(peut-être une étude de la « côte Sud ») | *Shipping off the Mewstone
(possibly a study for the 'Southern Coast')*
Vers 1811 | *c. 1811*
Mine de plomb et aquarelle sur papier | *graphite and watercolour on paper*
21,5 × 31,4 cm
Acceptée par la nation comme part du Legs Turner en 1856 | *Accepted by the nation as part of the Turner Bequest 1856*

43. Une mer agitée au large de Brighton ou Deal ? | *A Rough Sea ?off Brighton or Deal*
Vers 1824-5 | *c. 1824-5*
Aquarelle sur papier | *watercolour on paper*
14,3 × 21,7 cm
Acceptée par la nation comme part du Legs Turner en 1856 | *Accepted by the nation as part of the Turner Bequest 1856*

44. Arbres dans une forte brise avec des nuages de grain | *Trees in a Strong Breeze with Blustery Clouds*
Vers 1823-6 | *c. 1823-6*
Aquarelle sur papier | *watercolour on paper*
24,3 × 30,4 cm
Acceptée par la nation comme part du Legs Turner en 1856 | *Accepted by the nation as part of the Turner Bequest 1856*

45. Trois études de nuages et de pluie sur la mer et la côte | *Three Studies of Clouds and Rain over the Sea and Coast*
Vers 1826-40 | *c. 1826-40*
Aquarelle sur papier | *watercolour on paper*
55 × 38,8 cm
Acceptée par la nation comme part du Legs Turner en 1856 | *Accepted by the nation as part of the Turner Bequest 1856*

46. ? Lever du Soleil : Pêche au merlan à Margate | *?Sunrise: Whiting Fishing at Margate ?*
1822
Aquarelle sur papier | *watercolour on paper*
38,8 × 49,7 cm
Acceptée par la nation comme part du Legs Turner en 1856 | *Accepted by the nation as part of the Turner Bequest 1856*

47. Margate | *Margate*
Vers 1830 | *c. 1830*
Aquarelle et mine de plomb sur papier | *watercolour and graphite on paper*
35,2 × 51,8 cm
Acceptée par la nation comme part du Legs Turner en 1856 | *Accepted by the nation as part of the Turner Bequest 1856*

48. Margate | *Margate*
Vers 1806-7 | *c. 1806-7*
Huile sur toile | *oil paint on canvas*
85,7 × 116,2 cm
Acceptée par la nation comme part du Legs Turner en 1856 | *Accepted by the nation as part of the Turner Bequest 1856*

49. Festival à Venise | *Venetian Festival*
Vers 1845 | *c. 1845*
Huile sur toile | *oil paint on canvas*
72,4 × 113,3 cm
Acceptée par la nation comme part du Legs Turner en 1856 | *Accepted by the nation as part of the Turner Bequest 1856*

50. Santa Maria della Salute et la Dogana, Venise au coucher du Soleil, par-delà le bassin [de Saint-Marc] | *Santa Maria della Salute and the Dogana, Venice, at Sunset, across the Bacino*
1840
Aquarelle sur papier | *watercolour on paper*
22,2 × 32,1 cm
Acceptée par la nation comme part du Legs Turner en 1856 | *Accepted by the nation as part of the Turner Bequest 1856*

51. Bateaux sur la lagune près de Venise, autour du crépuscule | *Boats on the Lagoon near Venice, around Sunset*
1840
Aquarelle sur papier | *watercolour on paper*
24,6 × 30,6 cm
Acceptée par la nation comme part du Legs Turner en 1856 | *Accepted by the nation as part of the Turner Bequest 1856*

52. Venise, la Piazzetta avec la cérémonie du Doge épousant la mer | *Venice, the Piazzetta with the Ceremony of the Doge Marrying the Sea*
Vers 1835 | *c. 1835*
Huile sur toile | *oil paint on canvas*
91,4 × 121,9 cm
Acceptée par la nation comme part du Legs Turner en 1856 | *Accepted by the nation as part of the Turner Bequest 1856*

53. Sommets | *Mountain Peaks*
Après 1830 | *after c. 1830*
Aquarelle sur papier | *watercolour on paper*
24,4 × 29,9 cm
Acceptée par la nation comme part du Legs Turner en 1856 | *Accepted by the nation as part of the Turner Bequest 1856*

54. Bellinzone | *Bellinzona*
Après 1830 env. | *after c. 1830*
Mine de plomb et aquarelle sur papier | *graphite and watercolour on paper*
72,7 × 98,3 cm
Acceptée par la nation comme part du Legs Turner en 1856 | *Accepted by the nation as part of the Turner Bequest 1856*

55. La Moselle (?) | *?Moselle*
Vers 1830 | *c. 1830*
Gouache et aquarelle sur papier | *gouache and watercolour on paper*
13,7 × 18,8 cm
Acceptée par la nation comme part du Legs Turner en 1856 | *Accepted by the nation as part of the Turner Bequest 1856*

56. Rochers sur la Meuse | *Rocks on the Meuse*
Vers 1839 | *c. 1839*
Gouache et aquarelle sur papier | *gouache and watercolour on paper*
14 × 19 cm
Acceptée par la nation comme part du Legs Turner en 1856 | *Accepted by the nation as part of the Turner Bequest 1856*

57. Le Mont Blanc et le Glacier des Bossons du haut de Chamonix, aube | *Mont Blanc and the Glacier des Bossons from above Chamonix, dawn*
1836
Aquarelle sur papier | *watercolour on paper*
24,5 × 30,6 cm
Acceptée par la nation comme part du Legs Turner en 1856 | *Accepted by the nation as part of the Turner Bequest 1856*

58. Le Mont Blanc et le glacier des Bossons, surplombant la vallée de l'Arve jusqu'à Chamonix ; matin pâle |
Mont Blanc and the Glacier des Bossons, looking down the Arve Valley to Chamonix; Pale Morning
1836
Mine de plomb et aquarelle sur papier | *graphite and watercolour on paper*
25,2 × 28 cm
Acceptée par la nation comme part du Legs Turner en 1856 | *Accepted by the nation as part of the Turner Bequest 1856*

59. San Giorgio Maggiore, Venise, au coucher du soleil, sur la Riva degli Schiavoni | *San Giorgio Maggiore, Venice, at Sunset, from along the Riva degli Schiavoni*
1840
Pastel sur papier | *watercolour on paper*
24,4 × 30,6 cm
Acceptée par la nation comme part du Legs Turner en 1856 | *Accepted by the nation as part of the Turner Bequest 1856*

60. Navigation au large de la Riva degli Schiavoni, Venise, près du Ponte dell'Arsenale, avec San Giorgio Maggiore, Santa Maria della Salute et le Campanile de San Marco (Saint-Marc) derrière | *Shipping off the Riva degli Schiavoni, Venice, near the Ponte dell'Arsenale, with San Giorgio Maggiore, Santa Maria della Salute and the Campanile of San Marco (St Mark's) Beyond*
1840
Aquarelle sur papier | *watercolour on paper*
24,4 × 30,7 cm
Acceptée par la nation comme part du Legs Turner en 1856 | *Accepted by the nation as part of the Turner Bequest 1856*

61. Le Rigi dans l'ombre, étude échantillon | *The Dark Rigi : Sample Study*
Vers 1841-2 | *c. 1841-2*
Aquarelle sur papier | *watercolour on paper*
23,1 × 32,4 cm
Acceptée par la nation comme part du Legs Turner en 1856 | *Accepted by the nation as part of the Turner Bequest 1856*

62. Jour de fête à Zurich, tôt le matin, étude échantillon | *A Fête Day in Zurich: Early Morning: Sample Study*
Vers 1845 | *c. 1845*
Mine de plomb et aquarelle sur papier | *graphite and watercolour on paper*
23,4 × 32,6 cm
Acceptée par la nation comme part du Legs Turner en 1856 | *Accepted by the nation as part of the Turner Bequest 1856*

63. Lucerne vue des murs, étude échantillon | *Lucerne from the Walls: Sample Study*
Vers 1841-2 | *c. 1841-2*
Mine de plomb et aquarelle sur papier | *graphite and watercolour on paper*
23,4 × 31,2 cm
Acceptée par la nation comme part du Legs Turner en 1856 | *Accepted by the nation as part of the Turner Bequest 1856*

64. Nuages sur le Rigi au lever du soleil, depuis Lucerne | *Clouds over the Rigi at Sunrise, from Lucerne*
Vers 1844 | *c. 1844*
Aquarelle sur papier | *watercolour on paper*
24,9 × 37,1 cm
Acceptée par la nation comme part du Legs Turner en 1856 | *Accepted by the nation as part of the Turner Bequest 1856*

65. Tempête sur le Rigi | *A Storm over the Rigi*
Vers 1844 | *c. 1844*
Aquarelle sur papier | *watercolour on paper*
25 × 37,2 cm

Acceptée par la nation comme part du Legs Turner en 1856 |
Accepted by the nation as part of the Turner Bequest 1856

66. Lucerne | *Lucerne [Turner]*
Après env. 1830 | *after c. 1830*
Gouache et aquarelle sur papier |
gouache and watercolour on paper
24,9 × 31,1 cm
Acceptée par la nation comme part du Legs Turner en 1856 |
Accepted by the nation as part of the Turner Bequest 1856

67. Montagnes. Le Saint-Gothard | *Mountains. S. Gothard [Turner]*
Après 1830 | *after c. 1830*
Aquarelle sur papier | *watercolour on paper*
71,1 × 96,5 cm
Acceptée par la nation comme part du Legs Turner en 1856 |
Accepted by the nation as part of the Turner Bequest 1856

68. Le Mont Saint-Gothard | *Mt St Gothard*
Vers 1806-7 | *c. 1806-7*
Aquarelle sur papier | *watercolour on paper*
18,4 × 26 cm
Acceptée par la nation comme part du Legs Turner en 1856 |
Accepted by the nation as part of the Turner Bequest 1856

69. L'Ange troublant l'eau calme |
The Angel Troubling the Pool
Vers 1845 | *c. 1845*
Mine de plomb et aquarelle sur papier |
graphite and watercolour on paper
22,8 × 29 cm
Acceptée par la nation comme part du Legs Turner en 1856 |
Accepted by the nation as part of the Turner Bequest 1856

70. Le Lac, Petworth, coucher de soleil, étude, parmi une série | *The Lake, Petworth, Sunset; Sample Study*
Vers 1827-8 | *c. 1827-8*
Huile sur toile | *oil paint on canvas*
89,9 × 120,3 cm
Acceptée par la nation comme part du Legs Turner en 1856 |
Accepted by the nation as part of the Turner Bequest 1856

71. Paysage avec eau | *Landscape with Water*
Vers 1840-5 | *c. 1840-5*
Huile sur toile | *oil paint on canvas*
91,4 × 121,9 cm
Acceptée par la nation comme part du Legs Turner en 1856 |
Accepted by the nation as part of the Turner Bequest 1856

72. Le Rameau d'Or | *The Golden Bough*
Exposée en 1834 | *exhibited 1834*
Huile sur toile | *oil paint on canvas*
61,6 × 92,4 cm
Don de Robert Vernon, 1847 |
Presented by Robert Vernon 1847

73. Apollon et Python | *Apollo and Python*
Exposée en 1811 | *exhibited 1811*
Huile sur toile | *oil paint on canvas*
145,4 × 237,5 cm
Acceptée par la nation comme part du Legs Turner en 1856 |
Accepted by the nation as part of the Turner Bequest 1856

74. Arc-en-ciel, avec du bétail | *A Rainbow, with Cattle*
Vers 1815 | *c. 1815*
Aquarelle sur papier | *watercolour on paper*
25,6 × 41,5 cm
Acceptée par la nation comme part du Legs Turner en 1856 |
Accepted by the nation as part of the Turner Bequest 1856

75. Le Lac de Buttermere avec une partie du lac Crummock Water, Cumberland, averse | *Buttermere Lake, with Part of Cromackwater, Cumberland, a Shower*
Exposée en 1798 | *exhibited 1798*
Huile sur toile | *oil paint on canvas*
88,9 × 119,4 cm
Acceptée par la nation comme part du Legs Turner en 1856 |
Accepted by the nation as part of the Turner Bequest 1856

76. Tempête en mer | *Storm at Sea*
Vers 1824 | *c. 1824*
Aquarelle sur papier | *watercolour on paper*
19,6 × 27,5 cm
Acceptée par la nation comme part du Legs Turner en 1856 |
Accepted by the nation as part of the Turner Bequest 1856

77. Nuages de pluie s'approchaint au-dessus d'un paysage | *Rain Clouds Approaching over a Landscape*
Vers 1822-40 | *c. 1822-40*
Gouache et aquarelle sur papier |
gouache and watercolour on paper
18,2 × 22,6 cm
Acceptée par la nation comme part du Legs Turner en 1856 |
Accepted by the nation as part of the Turner Bequest 1856

78. Mer agitée | *Stormy Sea*
Vers 1830 | *c. 1830*
Gouache et aquarelle sur papier |
gouache and watercolour on paper
13,8 × 18,9 cm
Acceptée par la nation comme part du Legs Turner en 1856 |
Accepted by the nation as part of the Turner Bequest 1856

79. Mer agitée avec une épave en flammes |
Stormy Sea with Blazing Wreck
Vers 1835-40 | *c 1835-40*
Huile sur toile | *oil paint on canvas*
99,4 × 141,6 cm
Acceptée par la nation comme part du Legs Turner en 1856 |
Accepted by the nation as part of the Turner Bequest 1856

80. Lumières d'un feu, lumières de lampes | *Fire-Light and Lamp-Light*
1827
Gouache et aquarelle sur papier | *gouache and watercolour on paper*
13,9 × 19,3 cm
Acceptée par la nation comme part du Legs Turner en 1856 | *Accepted by the nation as part of the Turner Bequest 1856*

81. Les Phares de la Hève (vignette) | *Light-Towers of la Hève (vignette)*
Vers 1832 | *c. 1832*
Gouache et aquarelle sur papier | *gouache and watercolour on paper*
18,8 × 13,4 cm
Acceptée par la nation comme part du Legs Turner en 1856 | *Accepted by the nation as part of the Turner Bequest 1856*

82. Étude de la lumière du feu, peut-être dans un atelier de verrier, Venise | *A Study of Firelight, Perhaps in a Glass Workshop, Venice*
1840
Gouache et aquarelle sur papier | *gouache and watercolour on paper*
22,6 × 29,4 cm
Acceptée par la nation comme part du Legs Turner en 1856 | *Accepted by the nation as part of the Turner Bequest 1856*

83. La Vision de l'échelle de Jacob (?) | *The Vision of Jacob's Ladder (?)*
Vers 1830 | *c. 1830*
Huile sur toile | *oil paint on canvas*
123,2 × 188 cm
Acceptée par la nation comme part du Legs Turner en 1856 | *Accepted by the nation as part of the Turner Bequest 1856*

84. Le Campanile de San Marco (Saint-Marc), Venise, de l'hôtel Europa (Palazzo Giustiniani) la nuit, avec des feux d'artifice sur le Môle | *The Campanile of San Marco (St Mark's), Venice, from the Hotel Europa (Palazzo Giustiniani) at Night, with Fireworks over the Molo*
1840
Aquarelle, gouache et craie sur papier | *watercolour, bodycolour and chalk on paper*
22,8 × 30 cm
Acceptée par la nation comme part du Legs Turner en 1856 | *Accepted by the nation as part of the Turner Bequest 1856*

85. Le Campanile de San Marco (Saint-Marc), Venise, de l'hôtel Europa (Palazzo Giustiniani) au clair de lune | *The Campanile of San Marco (St Mark's), Venice, from the Hotel Europa (Palazzo Giustinian) by Moonlight*
1840
Gouache et aquarelle sur papier | *watercolour and gouache on paper*
24 × 30,9 cm
Acceptée par la nation comme part du Legs Turner en 1856 | *Accepted by the nation as part of the Turner Bequest 1856*

86. Les Contamines, à l'aube : vers Saint-Gervais et le mont Blanc | *Les Contamines, Dawn: Looking towards St Gervais and Mont Blanc*
1802
Mine de plomb, craie, aquarelle et gouache sur papier | *graphite, chalk, watercolour and gouache on paper*
32 × 47,5 cm
Acceptée par la nation comme part du Legs Turner en 1856 | *Accepted by the nation as part of the Turner Bequest 1856*

87. Newcastle-upon-Tyne, gravée par Thomas Lupton | *Newcastle-upon-Tyne, engraved by Thomas Lupton*
1823
Manière noire sur papier | *mezzotint on paper*
15,6 × 21,9 cm
Achetée en 1986 | *Purchased 1986*

88. Lancastre vue de l'aqueduc | *Lancaster from the Aqueduct Bridge*
1827
Gravure sur papier | *engraving on paper*
16,5 × 23,2 cm
Achetée en 1986 | *Purchased 1986*

89. Saumur, gravée par R. Wallis | *Saumur, engraved by R. Wallis*
Publiée en 1831 | *published 1831*
Gravure sur papier | *engraving on paper*
11,4 × 16,1 cm
Transférée du British Museum en 1988 | *Transferred from the British Museum 1988*

90. La Chaise de Gargantua, près de Duclair, gravée par R. Brandard | *La Chaise de Gargantua, near Duclair, engraved by R. Brandard*
Publiée en 1834 | *published 1834*
Gravure sur papier | *engraving on paper*
12,1 × 15 cm
Transférée du British Museum en 1988 | *Transferred from the British Museum 1988*

91. Rouen, gravée par R. Brandard | *Rouen, engraved by R. Brandard*
Publiée en 1834 | *published 1834*
Gravure sur papier | *engraving on paper*
11,7 × 14,4 cm
Transférée du British Museum en 1988 | *Transferred from the British Museum 1988*

92. Entre Quillebeuf et Villequier, gravée par R. Brandard |
Between Quillebeuf and Villequier, engraved by R. Brandard
Publiée en 1834 | *published 1834*
Gravure sur papier | *engraving on paper*
15,4 × 23,3 cm
Transférée de la librairie en 1988 |
Transferred from the Library 1988

93. Le Havre, tour de François Ier, gravée par Robert Wallis |
Havre, Tower of Francis I, engraved by Robert Wallis
1834
Gravure sur papier | *engraving on paper*
14,1 × 22,2 cm
Transférée de la Bibliothèque en 1990 |
Transferred from the Library 1990

94. Dudley, Worcestershire, gravée par R. Wallis |
Dudley, Worcestershire, engraved by R. Wallis
Publiée en 1835 | *published 1835*
Gravure au trait sur papier | *engraving on paper*
17 × 24,2 cm
Transférée du British Museum en 1988 |
Transferred from the British Museum 1988

95. Pluie, vapeur et vitesse, gravée par R. Brandard |
Rain, Steam, and Speed, engraved by R. Brandard
Publiée en 1859-61 | *published 1859-61*
Gravure sur papier | *engraving on paper*
26,8 × 22,2 cm
Transférée du British Museum en 1988 |
Transferred from the British Museum 1988

96. Tempête de neige, gravée par R. Brandard |
Snow-Storm, engraved by R. Brandard
Publiée en 1859-61 | *published 1859-61*
Gravure sur papier | *engraving on paper*
21,9 × 26,9 cm
Transférée du British Museum en 1988 |
Transferred from the British Museum 1988

97. Jetée et navigation, ? Margate, Kent |
Jetty and Shipping, ? Margate, Kent
Vers 1834 | *c. 1834*
Craie sur papier | *chalk on paper*
13,9 × 22,8 cm
Acceptée par la nation comme part du Legs Turner en 1856 |
Accepted by the nation as part of the Turner Bequest 1856

98. Une jetée ? avec un vapeur en mer dans le lointain |
A Jetty, ? with a Steamer at Sea in the Distance
Vers 1842-45 | *c. 1842-45*
Aquarelle sur papier | *watercolour on paper*
25,5 × 39,3 cm
Acceptée par la nation comme part du Legs Turner en 1856 |
Accepted by the nation as part of the Turner Bequest 1856

99. La Nouvelle Lune ou « J'ai perdu mon bateau, tu n'as pas ton cerceau. » | *The New Moon; or, 'I've lost My Boat, You shan't have Your Hoop'*
Exposée en 1840 | *exhibited 1840*
Huile sur panneau d'acajou | *oil paint on mahogany*
65,4 × 81,3 cm
Acceptée par la nation comme part du Legs Turner en 1856 |
Accepted by the nation as part of the Turner Bequest 1856

100. Départ pour le bal (San Martino) |
Going to the Ball (San Martino)
Exposée en 1846 | *exhibited 1846*
Huile sur toile | *oil paint on canvas*
61,6 × 92,4 cm
Acceptée par la nation comme part du Legs Turner en 1856 |
Accepted by the nation as part of the Turner Bequest 1856

101. Coucher de soleil du haut du Rigi |
Sunset From the Top of the Rigi
Vers 1844 | *c. 1844*
Huile sur toile | *oil paint on canvas*
71,1 × 96,5 cm
Acceptée par la nation comme part du Legs Turner en 1856 |
Accepted by the nation as part of the Turner Bequest 1856

102. Lac des Quatre-Cantons, la baie d'Uri au-dessus de Brunnen | *Lake Lucerne: the Bay of Uri from above Brunnen*
Vers 1844 | *c. 1844*
Huile sur toile | *oil paint on canvas*
72,7 × 98,3 cm
Acceptée par la nation comme part du Legs Turner en 1856 |
Accepted by the nation as part of the Turner Bequest 1856

103. La Visite au tombeau | *The Visit to the Tomb*
Exposée en 1850 | *exhibited 1850*
Huile sur toile | *oil paint on canvas*
91,4 × 121,9 cm
Acceptée par la nation comme part du Legs Turner en 1856 |
Accepted by the nation as part of the Turner Bequest 1856

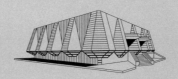

Nous tenons à témoigner notre gratitude aux généreux mécènes, donateurs et Amis de la Fondation qui, par leur soutien, nous permettent la mise sur pied de notre programme de concerts et d'expositions.

Nous remercions tout particulièrement :

La Commune de Martigny
L'Etat du Valais

Banque Cantonale du Valais
Caves Orsat-Domaines Rouvinez SA, Martigny
Champagne Pommery
Cronos Finance SA, Pully
Fiduciaire Bender SA, Martigny
Fondation Coromandel, Genève
Fondation Philanthropique Famille Sandoz
Groupe Mutuel, Martigny
Hôtel La Porte d'Octodure, Martigny-Croix
Martigny Boutique Hôtel, Martigny
Hôtel Vatel, Martigny
Le Nouvelliste et Feuille d'Avis du Valais
Loterie Romande
M. André Mayer, Zoug
M. Daniel Marchesseau, Paris
Mme Chantal W., Martigny
Morand Louis et Mireille-Louise, Martigny
Office du Tourisme - Société de développement, Martigny
Pour-Cent Culturel Migros
Thea Pharma, Clermont-Ferrand, France
Thea Pharma, Schaffhausen
Touring Club Suisse Valais
Le Tunnel du Grand-Saint-Bernard
Veuthey & Cie SA, Martigny

ainsi que:

La Fondation Pierre Gianadda

Temple de platine à Fr. 5000.-
Christie's Auctions and private Sales, Genève
Custot Stéphane, Verbier
Devillard Holding SA, Claude Devillard,
    Genève
Louis Morand & Cie SA, Distillerie, Martigny
Magnier John, Verbier
Maroger Marie-Bertrande et Jean-Michel,
    Chemin
Marquet-Zao Françoise, Rolle
Matériaux Plus SA, Martigny
Musumeci SPA, Quart, Italie
Nestlé Waters (Suisse) SA, Henniez
SGA, Gaëlle Izzo et Pierre-Alain Mettraux,
    Sion
Sinergy Commerce SA, Martigny

Chapiteau d'or à Fr. 1000.-
Agence de concerts CAECILIA Sàrl, Genève
Anthamatten Meubles SA,
    Bernard Anthamatten, Vétroz
Ascenseurs Schindler SA, Lausanne,
    succursale de Sion
Barat Didier, Martigny
Barbier-Mueller Thierry, Genève
Barents Maria et Jan, Verbier
Belloni Valérie, Avully
Benedick Rolando, Milan, Italie
Berger Peter, Pully
Bernheim Catherine, Crans-Montana
Berrut G. et J., Hôtel Bedford, Paris, France
Beyersdorf Doris, Genève
Boucheron Alain, Zermatt
Briner Janet et Robert, Conches
Burrus Laure et Baguenault de Viéville Charles,
    Zollikon
Buser Matériaux SA, Martigny
C.S., Verbier
Café-Restaurant Le Rustique, Claude Risch,
    Martigny
Cappi-Marcoz SA, agence en douane,
    Martigny
Chevrier Nicolas, Bramois
Cligman Léon, Paris, France
Commune de Bagnes, Le Châble
Compagnies de Chemins de Fer,
    Martigny-Châtelard, Martigny-Orsières
Conforti SA, Martigny
Constantin Jean-Claude, Martigny
Constantin Martial, Vernayaz

Corboud Marisol, Blonay
Couchepin Jean-Jules, Martigny
Couchepin Pascal, Martigny
Cretton Marie-Rose et Georges-André,
    Martigny
Crittin Myriam et Pierre, Martigny
Crot Aurore, Vullierens
Darbellay Caty, Martigny
De Ségur Isabelle, Crans-Montana
Debiopharm Research & Manufacturing SA,
    Martigny
Demartines Nicolas, Pully
Demole Guy, Genève
DL Immobilier SA, Martigny
Duay Sàrl, Martigny
Electromike Sàrl, Martigny
Etude Bernasconi & Terrier,
    Vincent Bernasconi, Genève
Favre Nicole et Jean-Maurice, Vétroz
Favre SA, transports internationaux, Martigny
Feux d'artifice UNIC SA, Patrick Gonnin,
    Romans sur Isère, France
Fidag SA, fiduciaire, Martigny
Fischer Sonia, Thônex
Fournier Martigny SA, Martigny
G. J.-M., Vétroz
Garzoli Elisabeth, Kilchberg
Gérald Besse SA, Martigny-Croix
Gétaz-Miauton SA, Vevey
Géza Anda-Stiftung, Zurich
Gianadda François, Martigny
Givel Fuchs Anne-Claire, Morges
Grande Dixence SA, Sion
Grieu Maryvonne, Buchillon
Groupe Bernard Nicod, Lausanne
Guggenheim Josi, Zurich
Guggenheim Josi, Zurich
Gurtner Gisèle, Chamby
GVArt SA, Meyrin
Hahnloser Bernhard et Mania, Berne
Hersaint Evangeline, Crans-Montana
Huber & Torrent, David Torrent, Martigny
Jenny Klaus, Zurich
Kuhn & Bülow, Versicherungsmakler, Zurich
Lagonico Carmela, Cully
Leibovich Felix, Uvrier
Les Fils de Charles Favre SA, Sion
Les Fils de Charles Favre SA, Sion
Les Fils de Serge Moret SA, Charrat
Lonfat Raymond et Amely, Sion

Luy Hannelore, Martigny
Maire Olivier, Bramois
Martin Nicole, Lyon, France
Mayer & Cie AG, Zug
Menardi Construction, Gland
Menardi Construction, Gland
Merzbacher Kunststiftung, Küsnacht
Mex-Martinoli Silvia et Roland, Crans-Montana
Meyer-Lee Gum Soon et Rudolf, Lausanne
Mintra Trade Inv. Co., Chistian Fioretti, Genève
Moret Corinne et Xavier, Martigny
Municipalité de Salvan
Murisier-Joris Pierre-André, Martigny
Nestlé SA, Vevey
Neubourg Hélène, Pully
Odier Patrick, Lombard Odier & Cie, Genève
Oltramare Yves, Vandœuvres
OV Color Sàrl, Martigny
P. M., Martigny
Papilloud Jean-Daniel, St-Séverin
Papilloud Jean-Henry et Cantinotti Sophia,
    Martigny
Perruchoud Pascal, Sion
Photojournalistes suisses - Impressum, Pully
Polli et Cie SA, Martigny
Pot Philippe, Lausanne
Primat Bérengère, Crans-Montana
Produit Michel, Martigny
Restaurant «Le Loup Blanc», Maria et Fred
    Faibella, Martigny
Rhôneole SA, Vernayaz
Rhôneole SA, Vernayaz
Rigips SA, Granges
Roduit Bernard, Fully
Salamin Electricité, Martigny
Sanval SA, Jean-Pierre Bringhen, Martigny
Saudan les Boutiques, Martigny
Seiler Hotels Zermatt AG, Christian Seiler,
    Zermatt
Starjet, Nicolas Ducommun, Sion
Theytaz Jean, Vevey
Thierry Solange, Bruxelles, Belgique
Toscani Claudia et Jacopo, Milan, Italie
Ulivi Construction Sàrl, Alain Ulivi, Martigny
Vaney Claude, Faoug
Vannay Stéphane, Martigny
Vocat Olivier, Martigny
Wehrli Dorothea, Villars-sur-Glâne
Zurcher-Michellod Madeleine et Jean-Marc,
    Martigny

Stèle d'argent à Fr. 500.-

Ambassade de la Principauté de Monaco, Berne
Anonyme, Barcelone, Espagne
Anonyme, Nyon
Antinori Ilaria, Bluche-Randogne
Arcusi Jacques, Vacqueyras, France
Association du Personnel Enseignant Primaire et Enfantine de Martigny (APEM)
Association les Nouveaux Mécènes de Courbet, Besançon, France
Bachmann Roger, Cheseaux-Noréaz
Bailey Edwin, Verbier
Balet Chantal, Grimisuat
Barreau Namhee, Blonay
Baudry Gérard, Grand-Lancy
Bender Emmanuel, Martigny
Berg-Andersen Bente et Per, Crans
Bestazzoni Umberto, Martigny
Bloch Robert-Philippe, Sorens
Bolomey Marianne, La Tour-de-Peilz
Borrini Colette, Bâle
Bory Gérald et Caroline, Nyon
Bossy Jacqueline, Sion
Bourban Narcisse, Haute-Nendaz
Bourban Pierre-Olivier, Haute-Nendaz
Bourgeoisie de Martigny
Brantes (de) Marina et Guy, La Conversion
Brechtbühl - Vannotti Maria-Nilla, Bedigliora
Bruellan SA, Crans-Montana
Bruellan SA, Jean-François Beth, Verbier
Brun Jean-François, Riddes
Buhler-Zurcher Dominique et Jean-Pierre, Martigny
Café Moccador SA, Martigny
Café-Restaurant de Plan-Cerisier, Martigny-Croix
Casella Gérard, Celigny
Cave Gérard Raymond, Saillon
Cavé Jacques, Martigny
Chaudet Marianne, Chexbres
Chavaz Denis, Sion
Claivaz Willy, Haute-Nendaz
Couchepin Denise, Lausanne
Crand Jean-François, Savigny-sur-Orge, France
Crausaz Auguste, Ollon
CVS Confort & Cie S.A., Martigny
Darbellay Marie-Laurence, Liddes
Dayde Latham Béatrix, Lausanne
De Pierre Gilbert, Ried-Brig
de Roten Pierre-Christian, Sion
de Ruiter Ruud, Euseigne
Debons Architecture SA, Armand Debons, Martigny
Debons Pierre-Alain, Sion
Decurnex Nicole et Christian, Le Châtelard
Delaloye Gaby & Fils SA, Ardon
Demole Guy, Genève
Dénériaz Groupe Holding SA, Sion
Ducrey Guy, Martigny
Ducrey Nicolas, Sion
Ducrot Michel, Martigny
Dupré Chantal, Le Mont-sur-Lausanne
Dutoit Michel, Ovronnaz
Erard Suzanne et Philippe, Blonay
Farine Françoise, Thônex
Farnier Jean-Pierre, Crans-Montana
Fasmeyer Françoise, Sion
Ferrari Lise et Pierre, Grandvaux
Fiduciaire Yearling Company SA, Joël Le Rouge, Bulle
Fischer Pierre-Edouard, Rolle
Fischer Pierre-Edouard, à la mémoire de Lucienne Fischer, Rolle
Fondazione Paola Angela Ruminelli, Antonio Pagani, Domodossola, Italie
Georg Waechter Memorial Foundation, Vaduz
Gianadda Gilberte, Martigny
Giovanola Claude, Monthey
Giroud Frédéric, Martigny
Goldschmidt Léo et Anne-Marie, Val-d'Illiez
Gollut Fabienne, Vevey
Grand Chantal, Martigny
Grand Emmanuel, Martigny
Guédon François, Lausanne
Guerry Nicole et André, Cossonay
Guex-Mencia Carmen, Martigny
Gunzinger Annamaria, Binningen
Haas & Company AG, Peter Haas, Zurich
Heine Holger, Oberwil
Hoirie Edouard Vallet, Genève
Hoebreck Liliane et Jean-Paul, Montreux
Holinger SA, Sion
Hôtel-Club Sunways, Stéphanie et Laurent Lesdos, Champex
Howald Pierre, Prilly
Ibghi Eve-Marie, Chamonix, France
IDIAP, Institut de recherche, Martigny
Imwinkelried Christine, Martigny
Inoxa Perolo et Cie, Conthey
Jacquérioz Alexis, Martigny
Jaques Paul-André et Madeleine, Haute-Nendaz
Jarrett Stéphanie, Mont-sur-Rolle
Köhli Josette, Grand-Saconnex
Lachat François, Porrentruy
Lagger Elisabeth, Sion
Lauber Joseph, Martigny
Lavomatic, Pierre Martin, Monthey
Les Fils de Charles Favre SA, Sion
Levy Evelyn, Jouxtens-Mézery
Lindner Felix, Reinach
Lüscher Monique, Clarens
Lux Frédéric, Genève
Maillard Alain, Lausanne
Malard Brigitte et Raoul, Fully
Malingue SA, Daniel Malingue, Paris, France
Martinetti Raphy et Madeleine, Martigny
Maupin Hervé, Crans-Montana
Maurer Marcel, Sion
Maus Bertrand, Bellevue-Genève
Meierhofer Françoise, Mellingen
Métrailler Serge, Grimisuat
MG Finances SA, Lausanne
Micarana SA, Courtepin
Michel Thierry, Chambésy
Michellod Lise et Jean-François, Verbier
MK Consulting, Culoz Axel, Genève
Monney-Campeanu Gilbert et May, Vétroz
Montillo Pierre, Saint-Jorioz, France
Morand Mireille-Louise, Martigny
Morard Jacques, Fribourg
Moret Frères SA, Frédéric Moret, Martigny
Nahon Philippe, Courbevoie, France
Nicole Gaston, Nyon
Oesch Christine et Kurt, Lausanne
Orsinger Yves, Martigny
Pain Josiane et Alfred, Londres
Parvex Claude, Chermignon
Paternot-Lindgren Monica, Le Châble
Peter Hans-Ulrich, Sion
Peyraud Carmen et Roger, Genève
Pfister Paul, Bülach
Piasenta Pierre-Angel, Les Marécottes
Pignolo-Engel René et Käthi, Berne
Plight Sàrl, Giroud Patrick, Chamoson
Pomari Alessandra, Minusio (Tessin)
Pouget Romaine, Martigny
Pradervand & Duay SA, Martigny

Pradervand Mooser Michèle, La Croix-sur-Lutry
Primatrust SA, Philippe Reiser, Genève
Probst Elena, Zurich
Proz Liliane et Marcel, Sion
Puech-Hermès Nicolas, Orsières
Rabaey Gérard, Blonay
Ramoni Raymond, Cossonay
Restaurant «Le Bourg-Ville», Claudia et Ludovic Tornare-Schmucki, Martigny
Restaurant «Lion d'Or», Gennaro et Tonino La Corte, Martigny
Ribet Huguette, Verbier
Ribordy Guido, Martigny
Riesco Fabienne, Martigny-Bourg
Righini Charles et Robert, Martigny
Robert Philippe, Auvernier
Roccabois Exploitation SA, Pierre-Maurice Roccaro, Charrat
Roduit Bernard, Fully
Rotary Club Martigny
Rouiller Mathieu, Martigny
Roux Roland, Pully
Rybicki-Varga Susan, Grimisuat, à la mémoire de Jean-Noël
Schober Bruno, Ascona
Seppey Narcisse, Hérémence
Séris Geneviève et Jean-François, Ayse, France
Severis Denis, Genève
So Lighting Sàrl, Villeneuve
Société de développement de Finhaut
Société des Cafetiers de la Ville de Martigny
Société des Vieux-Stelliens, Pierre Maurer, Lutry
SOS Surveillance, Glassey SA, Vernayaz
Sprung Eliane et Ascher, Crans-Montana
Stefanini Giuliana et Giorgio, Wilen b. Wollerau
Stettler Martine, Chemin
Tadros Michel-Charles, Ottawa, Canada
Taugwalder Elisabeth, Sion
Taverne de la Tour, Martigny
Thétaz Anne-Marie et Pierre-Marie, Orsières
Thiébaud Monique, Vollèges
Thompson Géraldine et Ken, Martigny
Tissières Chantal et Pascal, Martigny
Tornay Jacqueline et Pierre-André, Genève
Trèves Martine, Coppet
Valloton Henri, Fully
Valmaggia Rose-May et François, Sierre
Van der Hiele Zuber Neeltje, Veyras
Vêtement Monsieur, Martigny
Veuthey François, Martigny
de Villers Roland, Montmerle-sur-Saône, France
Vocat Colette, Martigny
Vollenweider Ursula, Nyon
Von Ro, Daniel Cerdeira, Charrat
Vouilloz Liliane et Raymond, Fully
Vouilloz-Couchepin Anne-Laure et Gonzague, Martigny
Voutaz SA, Claude Voutaz, Martigny
Wacyba Ltd, Blaise Yerly, Bulle
Zambaz Jan, Corpataux
Zufferey Gilles, Martigny
Zurcher Jean-Marie et Danièle, Martigny
Zurich Assurances, Enrique Caballero, Monthey

Colonne de bronze à Fr. 250.-
Abbet Jean-Marie, Vollèges
Abrifeu SA, Anne-Brigitte Balet Nicolas, Riddes
Accoyer Bernard, a. Président de l'Assemblée Nationale, Veyrier-du-Lac, France
Aebi Jean-Marc, Savigny
Aepli & Fils SA, François Aepli, Dorénaz
Aghroum Christian, St-Sulpice
Airnace SA, Francis Richard, Evionnaz
Albertini Sylvette, Verbier
Alksnis Karlis, Rolle
Allisson Jean-Jacques, Yverdon-les-Bains
Alméras Jean, St-Prex
Alter Max, Martigny
Ambrosetti Molinari, Mme et M., Savone, Italie
Amedeo Giovanna, Luxembourg
Amgwerd Marlyse, Echallens
Andenmatten Arthur, Genève
Andenmatten Chantal et Roland, Martigny
Anderson Pia, Verbier
Anderssen Pal, Martigny
Andrey Olivier, Fribourg
Andrivet Jacqueline et Jean-Pierre, Draillant, France
Anonyme, Bex
Anonyme, Blonay
Anonyme, Lausanne
Anonyme, Ovronnaz
Ansseau Véronique, Torgon
Antonioli Claude-A., Vandoeuvres
Applitec Omron, Jean-Daniel Schaltegger, Crissier
Arcald Sàrl, Thierry Baconnier, Territet
d'Arcis Yves, Pomy
Arlettaz Daniel, Martigny
Arnaud Claude, Pully
Arnodin Antoine, Montrouge, France
Arnold Annika, Gilly
Arnold René-Pierre, Lully
Assémat-Tessandier Diane et Joseph, Verbier
Association Musique et Vin, Jacques Mayencourt, Bains de Saillon
Atelier du cadre Sàrl, Charly Perrin, Martigny
Aubailly Serge, Orléans, France
Aubaret-Schumacher Charlotte, Genève
Aubert Pascal, Tramelan
Auchlin Suzanne, Montherod
Ausländer Alexandra, Lausanne
Avoyer Pierre-Alain, Martigny
Bachmann Jean-Pierre, Réchy
Badoux Jean-René, Martigny
Baggaley Rachel, Les Marécottes
Balet Christine, Grimisuat
Balma Manuela et Marc-Henri, Chancey
Bandelier Denis, Vésenaz
Barbey Marlyse et Roger, Corsier
Barradi Robert, Martigny
Barth-Maus Martine, Genève
Bartoli Anne Marie, Thézan les Béziers, France
Baruh Micheline, Chêne-Bougeries
Baseggio Olivier, Saint-Maurice
Batschelet-Breda Jacqueline, Versoix
Baud Bernard, Haute-Nendaz
Baud Marie-Pierre, Haute-Nendaz
Baudoux Pascal, Lutry
Bauer-Pellouchoud Marie-José, Martigny
Baur Martine et François, Lyon, France
Be Bop, Laurent Torrione, Sion
Bédard Nicole et Robert, Genève
Bedoret Edith, Crans-Montana
Beeckmans Caroline, Sion
Beer Elisabeth et Heinz, Solothurn
Beiger Xavier, Martigny
Belgrand Jacques, Belmont
Bellicoso Oxana et Antonio, Martigny-Croix
Belzeaux Patrice, Perpignan, France
Berdoz Gérald, Vouvry

Berguerand Marc, Nyon
Berguerand-Thurre Anne-Patricia, Martigny
Berkovits Maria et Joost, Hoofddorp, Pays-Bas
Berlie Jacques, Miex
Bernasconi Giancarlo, Massagno
Bernasconi Giorgio, Collombey
Bernasconi Sylvie, Troinex
Berrut Jacques, Monthey
Berthon Emile, Grilly, France
Bertrand Catherine, Genève
Besson Immobilier SA, Verbier
Besson Mireille et Pascal, Pully
Bestenheider Eliane, Crans-Montana
Betschart Auguste, Levron
Biaggi André, Martigny-Croix
Bianchetti Elisa, Anières
Bille Geneviève et René Pierre, Les Mosses
Bircher Carole, Verbier
Bise Krystin, Clarens
Bitschnau Veltman Ruth Maria, Chandonne
Black Findlay, Verbier
Blanc Jacky, Monthey
Blaser Heinz Paul, Sion
Bloechliger-Gray Sally et Antoine, La Tour-de-Peilz
Boada José, Genthod
Bochatay André, Lausanne
Bocion Antonia, Martigny
Boismorand Pascale et Pierre, Martigny
Boissier Marie-Françoise, Verbier
Boissonnas Jacques et Sonia, Thônex
Bollin Catherine et Daniel, Fully
Bollmann Jürg, Villars-sur-Glâne
Bonfanti Claire-Lise et Jean-Yves, Léchelles
Bongiovanni Léonard, Haute-Nendaz
Bonhomme Brigitte, Grenoble, France
Bonvin Louis, Sierre
Bonvin Roger, Martigny
Bonvin Venance, Lens
Bordier Isabelle, Bourg-Saint-Pierre
Borel Frédéric, Chavannes-Renens
Borel Nicole et Patrick, Asnières sur Seine, France
Borgeat Françoise, Crans-Montana
Borgeat Morgane, Genève
Borgnana Zulian Antoinette, Veyrier
Borstcher Emma, Champex-Lac
Bottaro Françoise, Martigny
Bouchardy Maria, Meyrin

Boucherie Traiteur 3 Petits Cochons, Léo Vouilloz, Fully
Boulangerie Michellod SA, Gérard et Didier Michellod, Verbier
Bourger Dominique, Lausanne
Bourqui Edmond, Martigny
Bouthéon Pascale, Vernier
Bouvet Elisabeth, Chambéry, France
Braconi Andréa, Ecublens VD
Brandenberger Laurent, Zurich
Bretz Carlo et Roberta, Martigny
Brichard Jean-Michel, Bar-le-Duc, France
Briguet Florian, Saillon
Brodbeck Pierre, Fenalet-sur-Bex
Bruchez Pierre-Yves, Martigny
Bruijn (de) Louise et Bernard, Hérémence
Brun Francis, Lyon, France
Brun-Ney Jacqueline et Philippe, Vienne, France
Brünisholz-Moyal Lynda, Champéry
Brunner P. et Coupy JM, Sierre
Brusset Daniel, Cairanne, France
Buchs Jean-Gérard, Haute-Nendaz
Buchser-Theler Agnès et Hans-K., Ausserberg
Bugnon Alain, Pully
Bugnon Marie-Therëse et Cosendai Monique, Saillon
Bullimore Judith, Châtel-St-Denis
Bullman Anthony, Verbier
Bünzli Jean-Claude, Romanel-sur-Lausanne
Burri-Dumrauf Irma, Croix-de-Rozon
Buser Niklaus et Michelle, Le Bry
Buthey Pascal, Arbaz
Bütikofer Vincent Christiane, Bex
Cabinet Médical Raphaël Guanella Sàrl, Raphaël Guanella, Martigny
Caillat Béatrice, Corsier GE
Calin Lia, Ovronnaz
Campanini Claude, Bevaix
Camus-Cadot Marie-Elisabeth, Publier, France
Cand Jean-François, Yverdon-les-Bains
Candaux Rosemary, Yverdon-les-Bains
Capidex, Eric Lejosne, Bellignat, France
Carenini Plinio, Bellinzone
Carlens Denis, Estavayer-le-Lac
Carpentier Avocats, Jean-Philippe Carpentier, Paris, France
Carron Annie et Michel, Riddes
Carron Josiane, Fully

Carrupt Roland, Martigny
Cartier Jacqueline, Vésenaz
Cartier Marie-Anne et Jean, Crans-Montana
Cassaz Béatrice, Martigny
Castella Eliette, Saint-Pierre-de-Clages
Castellens Conseil, Châtillens
Cavallero Yolande, Choulex
Cavalli Fausta, Verscio
Cave de Bovanche, Anne et Pierre-Gérard Jacquier-Delaloye, Savièse
Cavé Olivier et Aris d'Ambrogio, Moutier
Caveau des Ursulines, Gérard Dorsaz, Martigny-Bourg
Caveau du Moulin Semblanet, Marie-Claire Merola, Martigny
Cavin Micheline et Albert, Martigny
Cefima SA, Leytron
Celaia Serge, Martigny
Cellier du Manoir, vinothèque, Martigny
Chable Laurence, Monthey
Chalvignac Philippe, Paris, France
Chapon Françoise et Jean, Triors, France
Chappaz Marie-Thérèse, Fully
Chappaz Renée, Martigny
Chappaz Seng Aurélie, Martigny
Chappuis Robert, Fribourg
Charalabidis Catherine et Konstantinos, Bry-sur-Marne, France
Charlet Thomas et Famille, Zug
Chatagny Jean-Michel, Haute-Nendaz
Chatriant Rébecca, Leytron
Chaussures Alpina SA, Danielle Henriot, Martigny
Chevalley Michel, Tatroz
Chevrier Emmanuel, Sion
Clark Janet, Leysin
de Clerck Christine, Crans-Montana
Clivaz Marlyse, Chermignon
Clivaz Paul-Albert, Crans-Montana
Closuit Léonard, Martigny
Closuit Marie-Paule, Martigny
Collet Verena et Georges, Thun
Colomb Geneviève et Gérard, Bex
Commerces valaisans de proximité, M. Albert Asanovic, Saxon
Commune de Martigny-Combe
Commune de Vouvry
Comte Genevieve et Hervé, Pharmacie de la Gare, Martigny
Conrad Nicole, Aran

Coppey Charles-Albert et Christian, Martigny
Copt Aloys et Simone, Martigny,
  en leurs mémoires, par Grégoire
Copt Jean-François, Orsières
Copt Marius-Pascal, Martigny
Corm Serge, Rolle
Cossi A. + G. Sagl, Attilio Cossi, Ascona
Cottet Nicole, Villarvolard
Couchepin Florence, Martigny
Couchepin François, Lausanne
Courcelle-Gruz Christiane, Saint-Cergues, France
Courtière Sophie, Arbaz
Crans-Montana Tourisme, Bruno Huggler, Crans-Montana
Cresp Renée, Gollion / VD
Crestani Christine et Roberto, Martigny
Crettaz Arsène, Martigny
Crettaz Fernand, Martigny
Crettaz Monique, Pont-de-la-Morge
Crettaz Pierre-André, Diolly
Crettenand Dominique, Riddes
Crettenand Narcisse, Isérables
Crettenand Simon, Riddes
Cretton Couchepin Patty, Martigny
Cretton Jean-Pierre, Martigny
Cretton Marie-Céline, Monthey
Crol Johannes, Verbier
Crommelynck Landa et Berbig Carine, Paris, France
Cuanoud Gabriella, Etoy
Cuennet Marina, Pailly
Cusani Josy, Martigny
Daeninck Anne-Marie et Géry, Verbier
Dallenbach Monique et Reynald, Chemin
Dallèves Anaïs, Salins
Dapples-Chable Françoise, Verbier
Darbellay Architectes et Associés Sàrl, Martigny
Darbellay Carrosserie - Camping Car Valais SA, Martigny
Darbellay Gilbert, Martigny
Darbellay Madeleine, Martigny-Croix
Darbellay-Rebord Béatrice et Willy, Martigny
Davidis Fabienne, Arveyes
Davoine Anne et Paul, Saillon
Davoine Christine et Didier, Verbier
Dawson Cressida, Haute-Nendaz
Dayer Gerrie et Jean-Jacques, Conthey
De Bay Pierre-Edouard, Genève

De Christen Catherine, Pully
De la Grandière Arthur, Chesières
De Lavallaz Jacques, Sion
De Montalembert Laura, Champéry
De Villèle Maud, Verbier
De Weck Jean-Baptiste, Fribourg
Defago Daniel, Veyras
Deillon Marchand Monique, Onex
Delafontaine Jacques, Chexbres
Delaloye Eric, Sion
Delamuraz-Reymond Catherine, Lausanne
Delcey Mesures, Neuchâtel
Della Torre Carla, Mendrisio
Dély Isabelle et Olivier, Martigny
Derron Bernard, Môtier-Vully
Deruaz Anne, Vésenaz
Deslarzes Christian & Philip, Lausanne
Desmond Corcoran, Londres
Diacon Philippe, La Tour-de-Peilz
Diethelm Roger, Martigny
Dini Liliane, Savièse
Dirac Georges-Albert, Martigny
Ditesheim & Maffei Fine Art,
  François Ditesheim, Neuchâtel
Donette Levillayer Monique, Orléans, France
Dorsaz François, Martigny
Dorsaz Léonard, Fully
Dovat Viviane, Val-d'Illiez
Dreyfus Pierre et Marie-Christine Burrus, Bâle
Driancourt Catherine, Hermance
Droguerie-Herboristerie L'Alchimiste, Martigny
Drony Simone, Passy, France
Duboule-Claivaz Stéphanie, Martigny
Dubuisson Brasier Isabelle, Montreux
Duché Bernard, Courlon/Yonne, France
Duclos Anne et Michel, Chambésy
Ducreux Marie et Philippe,
  Evian-Les-Bains, France
Ducrey Jacques, Martigny
Ducrey Olivier, Pully
Ducry Danièle et Hubert, Martigny
Duperrier Philippe F., Aire-la-Ville
Duplirex, L'Espace Bureautique SA, Martigny
Dupont Jean-Marc, Saxon
Durand-Ruel Denyse, Rueil Malmaison, France
Durandin Marie-Gabrielle, Monthey
Dutoit Bernard, Lausanne
Echaudemaison Max, Maisons-Alfort, France

Egli Chantal et Duriaux André, Genève
Ehrensperger André, Salvan
Electricité d'Emosson SA, Martigny
Emery Marie-Thérèse, Martigny
Emonet Marie-Paule, Martigny
Emonet Philippe, Martigny
Esprit-momentum Sàrl, Collombey
Etoile Immobilier, Danni Hammer, Verbier
Etude Ribordy & Wenger, Olivier Ribordy, Martigny
Falbriard Jean-Guy, Champéry
Faller Bernard, Colmar, France
Fanelli Serge, Martigny
Fardel Gabriel, Martigny
Fauquex Arlette, Coppet
Faure Isabelle, Minusio
Fauvel Aude, Le Mont-sur-Lausanne
Favre Marie-Thé et Henri, Auvernier
Favre Roland R., Stallikon
Favre-Crettaz Luciana, Riddes
Favre-Emonet Michelle, Sion
Febex SA, Bex
Fédération des Entreprises Romandes Valais, Sion
Feiereisen Josette, Martigny
Felberbaum Florence et Claude, La Tzoumaz
Feldschlösschen Boissons AG, Viège
Félix Sylvie, Epalinges
Fellay Françoise, Martigny
Fellay Tina, Martigny
Fellay-Pellouchoud Michèle, Martigny
Fellay-Sports, Monique Fellay, Verbier
Ferrari Paolo, La Tour
Ferrauto Fabienne, Les Avants
Feurer Gabrielle, Cologny
Fichot Marie-Claire, Blonay
Fiduciaire Rhodannienne SA, Sion
Fillet Jean, pasteur, Thônex
Filliez Bernard, Martigny
Firmann Denise, Le Pâquier
Fischer Brigitte et Mollard André, Cointrin
Fischer Christiane et Jan, Zollikon
Fischer Hans-Jürgen, Delémont
Flipo Jérôme, New York, Etats-Unis
Floris Michel, Tournai, Belgique
Fluckiger-Felley Frédérique, Martigny
Foire du Valais, Martigny
Fontanella Sara, Martigny
Fournier Jean-Marie, Salvan
Fournier-Bise Nicole et Michel, Levron

Frachebourg Jean-Louis, Sion
Franc-Rosenthal Eve, Martigny
Francey Mireille, Grandson
François Eric, Servoz, France
Franz Claudine, Chêne-Bougeries
Franzetti Fabrice, Martigny
Franzetti-Bollin Elisabeth, Martigny
Frass Antoine, Sion
Friedli Anne et Catherine Koeppel, Fully
Frigerio-Merenda Silvia, Cadro
Froidevaux Anne-Claude, Arbaz
Fumex Bernard, Neuvecelle, France
G. J.-M., Vétroz
Gadda Conti Piero Ettore, Lens
Gailland Monique et Paul, Montagnier
Gaillard Benoît, Martigny
Gaillard Fabienne et Yves, Martigny
Gaillard Jean-Christophe, Martigny
Gaillard Philippe, Martigny
Gaille Claude, Prilly
Galerie du Bourg, Jean-Michel Guex, Martigny
Galerie Mareterra Artes, Eeklo, Belgique
Galerie Patrick Cramer, Genève
Galland Christiane, Orbe
Ganne Bertrand, St-Cergue
Ganzoni Blandine et Philipp, Sion
Garage Olympic, Paul Antille, Martigny
Gardaz Jacques, Chatel-Saint-Denis
Gauchat Marc-Henri, Uvrier
Gault John, Orsières
Gautier Jacques, Genève
Gay Dave, Bovernier
Gay des Combes Fabienne Marie, Martigny
Gay Frédéric, Les Valettes
Gay-Balmaz Nicole, Martigny
Gay-Crosier François, Le Châble
Gay-Crosier Marinette, Martigny
Gay-Crosier Philippe, Ravoire
Gebhard Charles, Küsnacht
Geissbuhler Frédéric, Auvernier
Genet Monique, Bex
Genetti SA, Riddes
Gérance Service SA, Villars-sur-Ollon
Gerber René, Bâle
Gertsch Denise, Le Châble
Gexist, Daniel Gex, Martigny
Ghazaryan Anzhela, Nyon
Gianadda Laurent, Martigny
Gilbert Luc-Régis, Pantin, France

Gilgen Door Systems, Sion
Gilliard Jeannine, Saint-Sulpice
Gilliéron Maurice, Aigle
Giovanola Denise et Alain, Martigny
Girod Dominique, Genève
Gonvers Serge, Vétroz
Gorgemans André, Martigny
Grasso Carlo, Peintre, Calizzano, Italie
Gremion Hélène, Pringy
Grisoni Michel, Vevey
Groppi J.P. Mario, Veyras
Gross Philippe, Gland
Gudefin Marie-Andrée, Verbier
Guelat Laurent, Fully
Guex-Crosier Jean-Pierre, Martigny
Guigoz Françoise, Sion
Guinnard Fabienne, Martigny
Guyaz Laubscher Claudine et Jimmy, Lausanne
Haldimann Blaise, Sierre
Halle Maria et Mark, Givrins
de Haller Emmanuel B., Neftenbach
Hanier Bernard et Jacqueline Peier, Crans-Montana
Harsch Henri HH SA, Carouge-Genève
Heimendinger Yaël, Icogne
Helfenberger Monique, Crans Montana
Helvetia Assurances, Olga Britschgi, Genève
Henigma SA, Franzetti Pierre-Yves, Sion
Henry Gabrielle, Lausanne
Héritier Françoise et Michel, Martigny
Héritier Michel, Savièse
Hermann Roger, Mont-sur-Rolle
Herrli-Bener Walter, Arlesheim
Hinden Werner, Cureglia
Hintermeister James, Lutry
Hochuli Sylvia, Chêne-Bougeries
Hoffstetter Maurice, Blonay
Hofmann David, Le Mont-Pèlerin
Hoog-Fortis Janine, Thônex
Hôtel du Rhône, Otto Kuonen, Martigny
Hôtel Mont-Rouge, Jean-Jacques Lathion, Haute-Nendaz
Hottelier Jacqueline, Plan-les-Ouates
Hottelier Patricia et Michel, Genève
Huber Théo, Petit-Lancy
Hubert Patrick, Pully
Huguenin Suzanne, St-Légier-La-Chiésaz
Hurni Bettina S., Genève
Iller Rolf, Haute-Nendaz

Imhof Anton, La Tour-de-Peilz
Imhoof Martine, Crans-sur-Sierre
Imprimerie du Bourg Sàrl, Martigny
Imprimerie Schmid SA, Sion
Invernizzi Fausto, Quartino
Iori Ressorts SA, Charrat
Iseli Bruno-François, Effretikon
Island Colours Sàrl, Danny Touw, Champéry
Isler Brigitte, Pully
IZ Wealth Management SA, Sion
Jaccard Francis, Fully
Jalby Marie-Christine et Philippe, Crans-Montana
Jaquenoud Christine, Bottmingen
Jaquier Christian, Aadorf
Jaunin Isabelle et André, St-Légier
Jawlensky Angelica, Mergoscia
Jayet Monique, Sembrancher
JEP Finance, Jérôme Levy, Saint-Cyr-au-Mont-d'Or, France
John Marlène, Sierre
Joliat Jérôme, Genève
Jolly Irma, Vevey
Joris Pascal, Martigny
Joseph Carron SA, Sébastien Carron, Saxon
Jotterand Michèle, Vessy
Juda Henri, Roedgen
Juillerat Françoise, Haute-Nendaz
Jules Rey SA, Crans
Kadry Buran, Vétroz
de Kalbermatten Anne-Marie, Veytaux
de Kalbermatten Anne-Marie et Jean-Pierre, Sion
Kaplanski Georges, Marseille, France
Karbe-Lauener Kerstin, Ayent
Kegel Sabine, Genève
Kelkermans Tristan, Martigny
Keller Bossert Verena et Martin, Berne
Kernohan Jenny, Verbier
Kesselring Bertrand et Maggie, Founex
Kings William, Wuppertal, Allemagne
Kirchhof Sylvia et Pascal, Genève
Krafft-Rivier Loraine et Pierre, Lutry
Kresse Fabienne et Philippe, Genève
Krichane Edith et Faïçal, Chardonne
Kugler Alain et Michèle, Genève
Kurkdjian Rosina et Norayr, Chamoson
Kuun d'Osdola Anne-Marie et Etienne, Martigny
Labruyère Françoise, Auxerre, France

Lacombe François, Grenoble, France
Lafosse Florence, Crans-Montana
Lagger Peter, Brig-Glis
Lagrange Claudine, Villars
Lanni Lorenzo, Martigny
Lanzani Paolo, Martigny
Lathion Voyages, Jacques Lathion, Sion
Laub Jacques, Founex
Laubscher Ariane, Croy
Laurant Marie-Christine et Marc, Fully
Laurent Rémy, La Fouly
Laverrière-Joye Marie-Christine et Constant, Genève
Laydevant Roger, Genève
Le Floch-Rohr Josette et Michel, Confignon
Le Prado Catherine, Crans-Montana
Le Roux de Chanteloup Danièle et Jean-Jacques, Champéry
Ledin Michel, Conches
Leggett Jeremy, Verbier
Leglise Véronique et Dominique, La Chapelle-d'Abondance, France
Lendi Beat, Prilly
Leonard Emmanuelle, Sion
Leonard Gary, Sion
Lewis-Einhorn Rose N., Begnins
Lexqi Conseil, Hélène Trink, Crans-Montana
Liaci Elena, Martigny
Liardet Rose-Marie, Font
Lieters Françoise, Amplepuis, France
Limacher Florence et Richard Stern, Eysins
Lindstrand Jacqueline, Monthey
Livera Léonardo, Collombey
Livio Jean-Jacques, Corcelles-le-Jorat
Logean Sophie et Christian, Meyrin
Lonfat Juliane, Martigny
Los Elisabeth, Rennaz
Louviot Jacqueline, Villars-Burquin
Lubrano Annie, Fribourg
Lucchesi Serenella, Monaco
Lucciarini Bernard, Martigny
Lugon Brigitte, Martigny
Lugon Moulin Jacqueline, Saillon
Luisier Adeline, Mase
Luisier-Délez Valérie, Martigny
Lukomski Michal, Genève
Lustenberger Anne-Lise, Lucerne
Maget Vincent, Martigny
Maire Julien, Aix-les-Bains
Mamon Delia, Verbier

Mandosse Marie-France, Verbier
Marbrerie nouvelle du Rhône, Patrick Althaus, Riddes
Marclay Raphaël, Sion
Maréchal Silvana, Chexbres
Mariaux Richard, Martigny
Marin Bernard, Martigny
Marin Yvan, Chandonne
Martin Michèle, Saillon
Masson André, Martigny
Mathieu Erich, Binningen
Matthey Pierre-Henri, Genève
Maumet-Verrot Evelyne, Lyon, France
Maurer Willy, Riehen
May Claudine, Saillon
Melis Werner, Vienne, Autriche
Melly Christian, Vissoie
Melly Jacques, Granges
Mendes de Leon Luis, Champéry
Menétrey-Henchoz Jacques et Christiane, Porsel
Menuz Bernard et Chantal, Satigny
Merlo Arrigo, Crans-Montana
Messner Tamara, Martigny
Métrailler Pierre-Emile, Sierre
Métrailler Sonia, Savièse
Metzler Hélène, Saint-Légier-La Chiésaz
Meunier Jean-Claude, Martigny
Meunier Jérôme, Saint-Symphorien, Belgique
Meyer Daniel, La Tour-de-Peilz
Miallier Franck, Chamonix, France
Miallier Raymond, Clermont-Ferrand, France
Miauton Marie-Hélène, Grandvaux
Miauton Pierre-Alex, Bassins
Michalski-Hoffmann Vera, Lausanne
Michaud Baillod Tamara, Verbier
Michaud Claude, St-Légier
Michaud Edith et Francis, Martigny
Michelet Freddy, Sion
Michellod Christian, Martigny
Michellod Guy, Martigny
Michellod Thierry, Monthey
Miescher Laurence, Saint Genis Pouilly, France
Migliaccio Massimo, Martigny
Miremad Bahman, Grimisuat
Mittelheisser Marguerite, Illfurth, France
Mock Hélène et Elmar, Salvan
Moillen Marcel, Martigny
Moillen Monique, Martigny

Monnard Gabrielle, Martigny
Monnet Bernard, Martigny
Montfort Evelyne, Hauterive
Mordasini Michel, Aproz
Moret Claude, Martigny-Croix
Moret-Conforti Sabine, Bovernier
Moretti Anne, Pully
Morin-Stampfli Alain, Chateauroux, France
Moser Jean-Pierre, Lutry
Mottet Brigitte, Evionnaz
Mottet Marianne, Evionnaz
Mottet Xavier, Torgon
Moulin Raphaël, Charrat
Moulin-Michellod Sandra, Martigny
Müller Christophe et Anne-Rose, Berne
Mullié Michèle, Quiberon, France
Nahum Robert, 180 ° éditions, Sion
Nanchen Jacqueline, Sion
Nançoz Roger et Marie-Jo, Sierre
Nantas-Massimi Yves, St-Etienne, France
Neuberger Wolfgang, Bregenz, Autriche
Nicod Patricia, Lausanne
Nicolazzi Anne-Marie, Genève
Nicolet Olivier, Les Ponts-de-Martel
Nicollerat Louis, Martigny
Nieth Rodolphe, La Tzoumaz
Noir Dominique, Ollon
Nordmann Alain, St-Sulpice
Nosetti Orlando, Gudo
Nouchi Frédéric, Martigny
O'Halloran Benedict, Verbier
Obrist Reto, Sierre
OCMI Société Fiduciaire SA, Genève
Oertli Barbara, Bernex
Oetterli Anita, Aetingen
OLF SA, Patrice Fehnmann, Fribourg
Orelup Ludmilla, Haute-Nendaz
Pages Didier, Brenles
Pages Frank, Crans-Montana
Paley Nicole et Olivier, Chexbres
Papilloud Jean-Claude, Créactif, Martigny
Pascal Jean-Yves, Sainte Foy Lès Lyon, France
Pasche Laurence et François, Lausanne
Pasqualini Claudine, Veyrier
Pasquier Bernadette et Jean, Lens
Paternot Louise, Verbier
Patrigot Nicolas, Chamonix, France
Pellouchoud Janine, Martigny
Peny Claude, Lausanne

Perraudin Maria, Martigny
Perret Alain, Vercorin
Perret Eliane, Montreux
Perrier Laurent, Fully
Perroud Jean-Claude, Sion
Petite Jacques, Martigny
Petroff Michel et Claire, Bellevue
Petroff Saskia, Bellevue
Pfefferlé Raphaële, Sion
Pfister-Curchod Madeleine et Richard, Pully
Pharmacie de Clarens, Alain Piquerez, Clarens
Pharmacie de l'Orangerie, Antoine Wildhaber, Neuchâtel
Pharmacies de la Gare, du Léman, Centrale, Lauber, Werlen et Zurcher, Martigny
Pharmacieplus, Jean-Marc Besse, St-Maurice
Philippe Francine, Paris, France
Philippin Chantal et Bernard, Martigny
Phillips Monique, Lausanne
Piatti Jeannine, Sion
Picard Valérie, Vessy
Pignat Bernard, Vouvry
Pignat Daniel, d'Alfred, Plan-Cerisier
Pignat Daniel et Sylviane, Martigny-Croix
Pignat Marc, Martigny
Pijls Henri M., Salvan-Les Granges
Pillet Jacques, Martigny
Pillet Sonja, Martigny
Pillonel André, Genève
Piscines et Accessoires SA, Sébastien Pellissier, Martigny
Pitteloud Anne-Lise, Sion
Pitteloud Janine, Sion
Pitteloud Paul-Romain B., Bramois
Piubellini Gérard, Lausanne
Plagnard Naïma, Saint-Julien-en-Genevois, France
Pléion Wealth Partners, Verbier
Poncioni Françoise, Martigny
Portmann Maria, Sion
Potterat Debétaz Paule, Pully
Pouvesle Patrice, Burcin, France
Pralong Thérèse, Martigny
de Preux Michèle, Jouxtens-Mezery
Puippe Janine, Ostermundigen
Puippe Pierre-Louis, Martigny
Puippe Raymonde et Janine Chattron, Martigny
Puy Henri, Martigny

Raboud Hugues, Genthod
Raboud Jean-Joseph, Monthey
Radja Chantal, Martigny
Ramberg Danielle, Bex
de Rambures Francis, Verbier
Ramel Daniel, Jouxtens-Mézery
Raoul Francis, Le Mont-sur-Lausanne
Rausing Birgit, Territet
Reber Guy et Edith, Collonge-Bellerive
Rebord Mario, Martigny
Rebstein Gioia et François, La Conversion
Regazzoni Mauro, Tegna
Rémondeulaz David, Saillon
Résidence Arts et Vie, Samöens, France
Restaurant «Le Belvédère», Sandrine et André Vallotton, Chemin
Restaurant «L'Olivier», Hôtel du Forum, Martigny
Resto de la Piscine & Patinoire, Martigny
Reuse Nicolas, Martigny
Revaz Bénédicte et Cédric, Finhaut
Rey Sylvaine, Ecoteaux
Rey-Günther Anita, Port
Reynard Marie-Noëlle, Savièse
Richard Hélène et Hubert, Paris, France
Richard Xavier, Croix, France
Riethmann Chantal, Verbier
Righetti Michèle et Angelo, Genève
Rijneveld Robert, Randogne
Ritrovato Angelo, Monthey
Rivier Françoise, Aïre
Roccarino Fabienne, Peseux
Rochat Elisabeth et Marcel, Les Charbonnières
Roditi Anne et Philippe, Lutry
Roduit Albert, Martigny
Rollason Michèle, Versoix
Roney Camille et David, Mies
Ronnerström Selma Iris, Veytaux
Roth René, Ovronnaz
Rothen Marlyse et Charly, Mayens-de-Chamoson
Rouiller Bernard, Finhaut
Rouiller Jean-Marie, Martigny
Rouiller Yolande, Martigny
Roulet Marie-Noëlle, Onex
Roulier Jacqueline, Lonay
Rouvière Jean-Pierre, Saillon
Rovelli Paolo, Lugano
Rubin Christiane F., Blonay

Rusca Eric et Gisèle, Le Landeron
Russo Ned, Milan, Italie
Ruzicka-Rossier Monique, Martigny
Saint-Denis Marc, Vandœuvre-les-Nancy, France
Salamin André, Le Châble
Salomon Svend, Crans-Montana
Sandona Marthe, Genève
Sandri Gian, Huémoz
Sarrasin Monique, Bovernier
Sarrasin Olivier, Saint-Maurice
Saudan Xavier, Martigny
Sauthier Marie-Claude, Riddes
Sauthier Monique, Martigny
Sauvain Elisabeth et Pierre-Alain, Chêne-Bourg
Schaller-Herzig Harry, Martigny
Scheidegger Alice et Didier, Zurich
Schelker Markus, Oberwil
Schippers Jacob, Vouvry
Schlup Juliette et Hansrudolf, Môtier
Schmid Anne-Catherine, Saillon
Schmid Bernard, Charrat
Schmid Jean-Louis, Martigny
Schmid Monique, Saconnex-d'Arve
Schmidly Sonia et Armand, Chamoson
Schmidt Expert Immobilier, Grégoire Schmidt, Martigny
Schmidt Pierre-Michel, Epalinges
Scholer Urs, Corseaux
Schreve Frank, Verbier
Schwieger Ian, Zug
Schwob Lotti, Saillon
Seidl-Geuthner Arlette et Frédéric, Cully
Seigle Marie-Paule, Martigny
Seppey André, Martigny
Sermier Irma et Armand, Sion
Sévegrand Anne-Marie, Lausanne
Severi Farquet Annelise et Roberto, Veyrier
Sicosa SA, Jean-Jacques Chavannes, Lausanne
Siegenthaler Marie-Claude, Tavannes
Siegrist Micheline, Martigny
Siggen Remy, Chalais
Simon Johny, Châtel-St-Denis
Simon Miranda, Lausanne
Simonin Josiane, Cernier
Skarbek-Borowski Irène et Andrew, Verbier
Sleator Donald, Lonay
Smith Thérèse et Hector, Montreux

Soulas Marc, Valreas, France
Soulier Alain, Crans-Montana
Sousi Gérard, Président d'Art et Droit, Lyon, France
Spinner Madelon, Bellwald
Stähli Regula, Nidau
Stalder Mireille, Meyrin
Steiner Eric, Grand-Saconnex
Stelling Nicolas, Estavayer-le-Lac
Stephan SA, Givisiez
Strebel Marja-Liisa et Martin, La Varenne St-Hilaire, France
Stucki David, Schmitten
Suter Ernest, Staufen
Suter Madeleine, Grand-Saconnex
Sven Göran et Viviane Ronnerström-Schweizer, Veytaux
SwissLegal Rouiller & Associés Avocats SA, Colette Lasserre Rouiller, Lausanne
Tacchini Carlos, Savièse
Taramarcaz Christa, Martigny-Croix
Taramarcaz José, Martigny-Croix
Tatti Brunella, Arzier
Tavel-Cerf Solange, Chesières
Theumann Jacques, Saint-Sulpice
Thomas Roger, Pully
Timochenko Andreï, Martigny
Tissières Magdalena, Martigny
Tixier Wiriath Marie-France, St-Sulpice
Tonossi Louis-Fred, Venthône
Tonossi Michel, Sierre
Tornay Charles-Albert, Martigny
Toureille Béatrice et Jacques, Paris, France
Troillet Jacques, Martigny
Turpin Charles, Paris, France
Udriot Blaise, Martigny
Uebelhart Daniel, Chéserex
Uldry Pierre-Yves, Martigny
Umiglia-Marena Monique, Renens
Vallotton Electricité, Philippe Vallotton, Martigny
van der Peijl Govert, Terneuzen, Pays-Bas
van der Tempel Gerhardus, Roosdaal, Belgique
van Dommelen Kristof et Yaelle, Mollens
van Lippe Irène, Champéry
Vanbossele Frédéric, Lourtier
Vanderheyden Dirk, Savièse
Vannay Jacqueline, Martigny
Varone Benjamin, Savièse
Varone Christian, Dône
Varone SA, vitrerie, Martigny
Vasserot Lucienne, Pully
Vaucher Stéphane, Saillon
Vautherin Didier, Sugnens
Vauthey Claude, Moudon
Vautravers Alec et Blanka, Genève
Vecchioli Nicole, Crans-Montana
Vegezzi Aleksandra, Genthod
Verbierchalet Sàrl, Anne-Lyse Mac Manus, Verbier
Vernez Pascale, Avenches
Viard-Burin Cathy et Jean, Genève
Viatte Gérard et Janine, Neuchâtel
Victor Carole et François, Fully
Victor Nicole et Jacques, Artannes sur Thouet, France
Vigolo David, Monthey
Vigolo Rose-Marie, Leytron
Vilchien Ingrid, Genève
Vireton Didier, Genève
Vité Laurent, Bernex
Vittoz Monique et Eric, Cernier
Vogel Pierre et Liline, Saint-Légier
de Vogüé Béatrice, Crans-Montana
Volland Marc, Grand-Saconnex
von Arx Konrad-Michel, Clarens
von Bachmann Charlotte, Verbier
von Campe – Boisseau Frédérique et Gord, Chernex
von Droste Vera, Martigny
von Moos Geneviève, Sion
von Muralt Peter, Erlenbach
Vouilloz Catherine et Werder Laurent, Martigny
Vouilloz Claude, Martigny
Vouilloz François, Uvrier
Vouilloz Philippe, Martigny
Voutaz Eric, Sembrancher
Vuignier Claire et Jacques, Martigny
Vuistiner Pascal, Bramois
Wachsmuth Anne-Marie, Genève
Wahl Francis, Cologny
Wälchli Giraud Doris, Martigny
Waldvogel Guy, Genève
Walewska-Colonna Marguerite, Verbier
Walewski Alexandre, Verbier
Werlen Françoise, Martigny
Whitehead Judith, Martigny
Widmer Chantal, Grandvaux
Widmer Karl, Killwangen
Wiedemar Daniel, Bern
Wilhelm Georges, Forel (Lavaux)
Willoughbyl de Broke David, Moreton-in-Marsh, Royaume-Uni
Wirz Christiane, Aigle
Wurfbain Elisabeth, Haute-Nendaz
Yerly bijouterie-optique SA, Bernard Yerly, Martigny
Zaccagnini Kathleen, Meyrin
Zanetti-Minikus Eleonor, Liestal
Zanfagna Hugo, Bureau d'Etudes SA, Martigny
Zappelli Paquerette et Pierre, Pully
Zen Ruffinen Yves et Véronique, Susten/Leuk
Zermatten Agnès, Sion
Ziegler André et Yolande, Aigle
Zilio Anne-Lise, Monthey
Zoomcolor, Martigny
Zufferey Marguerite, Sierre
Zumstein Monique, Aigle
Zürcher Manfred, Hilterfingen
Zwingli Martin, Colombier

Édités et coédités par la Fondation Pierre Gianadda

Paul Klee, 1980, par André Kuenzi (épuisé)
Picasso, estampes 1904-1972, 1981, par André Kuenzi (épuisé)
L'Art japonais dans les collections suisses, 1982, par Jean-Michel Gard et Eiko Kondo (épuisé)
Goya dans les collections suisses, 1982, par Pierre Gassier (épuisé)
Manguin parmi les Fauves, 1983, par Pierre Gassier (épuisé)
La Fondation Pierre Gianadda, 1983, par C. de Ceballos et F. Wiblé
Ferdinand Hodler, élève de Ferdinand Sommer, 1983, par Jura Brüschweiler (épuisé)
Rodin, 1984, par Pierre Gassier
Bernard Cathelin, 1985, par Sylvio Acatos (épuisé)
Paul Klee, 1985, par André Kuenzi
Isabelle Tabin-Darbellay, 1985 (épuisé)
Gaston Chaissac, 1986, par Christian Heck et Erwin Treu (épuisé)
Alberto Giacometti, 1986, par André Kuenzi (épuisé)
Alberto Giacometti, 1986, photos Marcel Imsand, texte Pierre Schneider (épuisé)
Egon Schiele, 1986, par Serge Sabarsky (épuisé)
Gustav Klimt, 1986, par Serge Sabarsky (épuisé)
Serge Poliakoff, 1987, par Dora Vallier (épuisé)
André Tommasini, 1987, par Silvio Acatos (épuisé*)*
Toulouse-Lautrec, 1987, par Pierre Gassier
Paul Delvaux, 1987
Trésors du Musée de São Paulo, 1988 :
    Ire partie : *de Raphaël à Corot*, par Ettore Camesasca
    IIe partie : *de Manet à Picasso*, par Ettore Camesasca
Picasso linograveur, 1988, par Danièle Giraudy
Le Musée de l'automobile de la Fondation Pierre Gianadda, 1988, par Ernest Schmid (épuisé)
Le Peintre et l'affiche, 1989, par Jean-Louis Capitaine (épuisé)
Jules Bissier, 1989, par André Kuenzi
Hans Erni. Vie et Mythologie, 1989, par Claude Richoz (épuisé)
Henry Moore, 1989, par David Mitchinson
Louis Soutter, 1990, par André Kuenzi et Annette Ferrari (épuisé)
Fernando Botero, 1990, par Solange Auzias de Turenne
Modigliani, 1990, par Daniel Marchesseau
Camille Claudel, 1990, par Nicole Barbier (épuisé)
Chagall en Russie, 1991, par Christina Burrus
Ferdinand Hodler, peintre de l'histoire suisse, 1991, par Jura Brüschweiler
Sculpture suisse en plein air 1960-1991, 1991, par André Kuenzi, Annette Ferrari et Marcel Joray
Mizette Putallaz, 1991
Calima, Colombie précolombienne, 1991, par Marie-Claude Morand (épuisé)
Franco Franchi, 1991, par Roberto Sanesi (épuisé)
De Goya à Matisse, estampes du Fonds Jacques Doucet, 1992, par Pierre Gassier
Georges Braque, 1992, par Jean-Louis Prat
Ben Nicholson, 1992, par Jeremy Lewison
Georges Borgeaud, 1993
Jean Dubuffet, 1993, par Daniel Marchesseau

Edgar Degas, 1993, par Ronald Pickvance

Marie Laurencin, 1993, par Daniel Marchesseau

Rodin, dessins et aquarelles, 1994, par Claudie Judrin

De Matisse à Picasso, Collection Jacques et Natasha Gelman (The Metropolitan Museum of Art, New York), 1994

Albert Chavaz, 1994, par Marie-Claude Morand (épuisé)

Egon Schiele, 1995, par Serge Sabarsky

Nicolas de Staël, 1995, par Jean-Louis Prat (épuisé)

Larionov – Gontcharova, 1995, par Jessica Boissel

Suzanne Valadon, 1996, par Daniel Marchesseau

Édouard Manet, 1996, par Ronald Pickvance

Michel Favre, 1996

Les Amusés de l'Automobile, 1996, par Pef

Raoul Dufy, 1997, par Didier Schulmann

Joan Miró, 1997, par Jean-Louis Prat

Icônes russes. Galerie nationale Tretiakov, Moscou, 1997, par Ekaterina L. Selezneva

Diego Rivera - Frida Kahlo, 1998, par Christina Burrus

Collection Louis et Evelyn Franck, 1998

Paul Gauguin, 1998, par Ronald Pickvance

Hans Erni, rétrospective, 1998, par Andres Furger

Turner et les Alpes, 1999, par David Blayney Brown

Pierre Bonnard, 1999, par Jean-Louis Prat

Sam Szafran, 1999, par Jean Clair

Kandinsky et la Russie, 2000, par Lidia Romachkova

Bicentenaire du passage des Alpes par Bonaparte 1800-2000, par Frédéric Künzi (épuisé)

Vincent van Gogh, 2000, par Ronald Pickvance

Icônes russes. Les Saints. Galerie nationale Tretiakov, Moscou, 2000, par Lidia I. Iovleva

Picasso. Sous le soleil de Mithra, 2001, par Jean Clair

Marius Borgeaud, 2001, par Jacques Dominique Rouiller

Les Coups de cœur de Léonard Gianadda, 2001 (CD Universal et Philips), vol. 1

Kees Van Dongen, 2002, par Daniel Marchesseau (épuisé)

Léonard de Vinci - L'Inventeur, 2002, par Otto Letze

Berthe Morisot, 2002, par Hugues Wilhelm et Sylvie Patry (épuisé)

Jean Lecoultre, 2002, par Michel Thévoz

De Picasso à Barceló. Les artistes espagnols, 2003, par Maria Antonia de Castro

Paul Signac, 2003, par Françoise Cachin et Marina Ferretti Bocquillon

Les Coups de cœur de Léonard Gianadda, 2003 (CD Universal et Philips), vol. 2

Albert Anker, 2003, par Thérèse Bhattacharya-Stettler (épuisé)

Le Musée de l'automobile de la Fondation Pierre Gianadda, 2004, par Ernest Schmid

Chefs-d'œuvre de la Phillips Collection, Washington, 2004, par Jay Gates

Luigi le Berger, 2004, de Marcel Imsand

Trésors du monastère Sainte-Catherine, mont Sinaï, Égypte, 2004, par Helen C. Evans

Jean Fautrier, 2004, par Daniel Marchesseau

La Cour Chagall, 2004, par Daniel Marchesseau

Félix Vallotton, les couchers de soleil, 2005, par Rudolf Koella

Musée Pouchkine, Moscou. La peinture française, 2005, par Irina Antonova

Henri Cartier-Bresson, Collection Sam, Lilette et Sébastien Szafran, 2005, par Daniel Marchesseau
Claudel et Rodin. La rencontre de deux destins, 2006, par A. Le Normand-Romain et Y. Lacasse
The Metropolitan Museum of Art, New York. Chefs-d'œuvre de la peinture européenne, 2006, par Katharine Baetjer
Le Pavillon Szafran, 2006, par Daniel Marchesseau (épuisé)
Édouard Vallet, l'art d'un regard, 2006, par Jacques Dominique Rouiller (épuisé)
Picasso et le cirque, 2007, par Maria Teresa Ocaña et Dominique Dupuis-Labbé
Marc Chagall, entre ciel et terre, 2007, par Ekaterina L. Selezneva
Albert Chavaz. La couleur au cœur, 100ᵉ anniversaire, 2007, par Jacques Dominique Rouiller
Offrandes aux dieux d'Égypte, 2008, par Marsha Hill
Léonard Gianadda, la Sculpture et la Fondation, 2008, par Daniel Marchesseau
Léonard Gianadda, d'une image à l'autre, 2008, par Jean-Henry Papilloud
Balthus, 100ᵉ anniversaire, 2008, par Jean Clair et Dominique Radrizzani
Martigny-la-Romaine, 2008, par François Wiblé
Olivier Saudan, 2008, par Nicolas Raboud
Hans Erni, 100ᵉ anniversaire, 2008, par Jacques Dominique Rouiller (épuisé)
Rodin érotique, 2009, par Dominique Viéville
Les Gravures du Grand-Saint-Bernard et sa région, 2009, par Frédéric Künzi
Musée Pouchkine, Moscou. De Courbet à Picasso, 2009, par Irina Antonova
Moscou 1957, photographies de Léonard Gianadda, 2009, par Jean-Henry Papilloud
Gottfried Tritten, 2009, par Nicolas Raboud
Images saintes. Maître Denis, Roublev et les autres. Galerie nationale Tretiakov, 2009, par Nadejda Bekeneva (épuisé)
Moscou 1957, photographies de Léonard Gianadda, 2010, par Jean-Henry Papilloud (2ᵉ édition, version russe pour le Musée Pouchkine)
Nicolas de Staël 1945-1955, 2010, par Jean-Louis Prat (épuisé)
Suzanne Auber, 2010, par Nicolas Raboud
De Renoir à Sam Szafran. Parcours d'un collectionneur, 2010, par Marina Ferretti Bocquillon
Erni, de Martigny à Etroubles, 2011, par Frédéric Künzi
Maurice Béjart, photographies de Marcel Imsand, 2011, par Jean-Henry Papilloud et Sophia Cantinotti (épuisé)
Monet au Musée Marmottan et dans les Collections suisses, 2011, par Daniel Marchesseau
Francine Simonin, 2011, par Nicolas Raboud
Ernest Biéler, 2011, par Matthias Frehner et Ethel Mathier (épuisé)
Mécènes, les bâtisseurs du patrimoine, 2011, par Philippe Turrel
Portraits-Rencontres, photographies des années 50 de Léonard Gianadda, 2012, par Jean-Henry Papilloud et Sophia Cantinotti
Portraits. Collections du Centre Pompidou, 2012, par Jean-Michel Bouhours
Van Gogh, Picasso, Kandinsky... Collection Merzbacher. Le mythe de la couleur, 2012, par Jean-Louis Prat
André Raboud, 2012, par Nicolas Raboud
Pierre Zufferey, 2012, par Nicolas Raboud
Marcel Imsand et la Fondation, 2012, par Jean-Henry Papilloud et Sophia Cantinotti (épuisé)
Sam Szafran, 2013, par Daniel Marchesseau (épuisé)
Modigliani et l'École de Paris, en collaboration avec le Centre Pompidou et les Collections suisses, 2013, par Catherine Grenier
Emilienne Farny, 2013, par Nicolas Raboud

Méditerranée, photographies de Léonard Gianadda (1952-1960), 2013, par Jean-Henry Papilloud et Sophia Cantinotti
La Beauté du corps dans l'Antiquité grecque, en collaboration avec le British Museum de Londres, 2014, par Ian Jenkins (épuisé)
Sculptures en lumière, photographies de Michel Darbellay, 2014, par Jean-Henry Papilloud et Sophia Cantinotti
Renoir, 2014, par Daniel Marchesseau
Les Vitraux des chapelles de Martigny, 2014, par Jean-Henry Papilloud et Sophia Cantinotti (épuisé)
Jean-Claude Hesselbarth, 2014, par Nicolas Raboud (épuisé)
Anker, Hodler, Vallotton… Chefs-d'œuvre de la Fondation pour l'art, la culture et l'histoire, en collaboration avec le Kunstmuseum de Berne, 2014, par Matthias Frehner (épuisé)
Matisse en son temps, en collaboration avec le Centre Pompidou, 2015, par Cécile Debray
Moscou 1957, photographies de Léonard Gianadda, 2015 (3e édition), par Jean-Henry Papilloud et Sophia Cantinotti
Léonard Gianadda, 80 ans d'histoires à partager, 2015, par Jean-Henry Papilloud et Sophia Cantinotti
Zao Wou-Ki, 2015, par Daniel Marchesseau (épuisé)
Picasso. L'œuvre ultime. Hommage à Jacqueline, 2016, par Jean-Louis Prat
Hodler, Monet, Munch. Peindre l'impossible, 2017, par Philippe Dagen
Cézanne. Le chant de la terre, 2017, par Daniel Marchesseau
Artistes valaisans, 100ème anniversaire de la BCVs, 2017, par Christoph Flubacher et Martha Degiacomi
Toulouse-Lautrec à la Belle Époque, French Cancans, une collection privée, 2017, par Daniel Marchesseau
Soulages. Une rétrospective, en collaboration avec le Centre Pompidou, Paris, 2018, par Bernard Blistène et Camille Morando
Les coulisses de la Fondation, l'album de Georges-André Cretton, 2018, par Jean-Henry Papilloud et Sophia Cantinotti
Trésors impressionnistes. La Collection Ordrupgaard. Degas, Cézanne, Monet, Renoir, Gauguin, Matisse, 2019, par Anne-Birgitte Fonsmark
Rodin – Giacometti, 2019, par Catherine Chevillot et Catherine Grenier
Chefs-d'œuvre Suisses, Collection Christoph Blocher, 2019, par Matthias Frehner
Catalogue des Collections de la Fondation, 2020, par Jean-Henry Papilloud et Sophia Cantinotti (diffusion limitée)
Les Vitraux de la cathédrale haute de Vaison-la-Romaine, 2020, par Sophia Cantinotti et Jean-Henry Papilloud
Des chapelles de Martigny à la cathédrale de Vaison, vitraux offerts par Léonard Gianadda, 2020, par Sophia Cantinotti et Jean-Henry Papilloud
Michel Darbellay, 2020, par Sophia Cantinotti et Jean-Henry Papilloud (épuisé)
Gustave Caillebotte, Impressionniste et moderne, 2021, par Daniel Marchesseau
Le Valais à la Une. Un siècle vu par les médias, 2021, par Jean-Henry Papilloud et Sophia Cantinotti
Jean Dubuffet, rétrospective, en collaboration avec le Centre Pompidou, Paris, 2021, par Sophie Duplaix
Catalogue des Collections de la Fondation, 2ème édition, 2022, par Sophia Cantinotti et Jean-Henry Papilloud (diffusion limitée)
Henri Cartier-Bresson et la Fondation Pierre Gianadda, 2022, par Jean-Henry Papilloud, Sophia Cantinotti, Pierre Leyrat et Aude Rimbault
Les Giratoires de Martigny, 2022, par Matthias Frehner
Turner. The Sun is God. En collaboration avec la Tate, 2023, par David Blayney Brown

À paraître

Du Temple de Mercure à l'Amphithéâtre romain, 2023, par Jean-Henry Papilloud et Sophia Cantinotti
La Collection du Pavillon Szafran, 2023, par Daniel Marchesseau
Les Années Fauves. En collaboration avec le Musée d'Art Moderne de Paris, 2023, par Fabrice Hergott et Jacqueline Munck
Toute une vie, 2023, par Jean-Henry Papilloud et Sophia Cantinotti
Anker et l'enfance, 2024, par Matthias Frehner
Cézanne - Renoir, en collaboration avec le Musée de l'Orangerie, 2024
Les Trésors du Musée de Troyes. Collection Pierre et Denise Lévy, 2025, par Marianne Mathieu
Chefs-d'œuvre de la collection Hammer : de Rembrandt à Van Gogh, 2025, par Cynthia Burlingham

Filmographie en relation avec la Fondation Pierre Gianadda

La Cour Chagall, par Antoine Cretton, 2004, 10 minutes
Stella : Renaissance d'une étoile, par Antoine Cretton, 2006, 26 minutes
Sam Szafran : Escalier, par Antoine Cretton, 2006, 26 minutes
Musée et Chiens du Saint-Bernard, par Antoine Cretton, 2006, 15 minutes
Hans Erni, une vie d'artiste, par Antoine Cretton, 2008, 30 minutes
Léonard Gianadda, interlocuteur Jean-Henry Papilloud, Plans-Fixes, 2008, 50 minutes
Les 30 ans de la Fondation Pierre Gianadda, par Antoine Cretton, 2008, 26 minutes
La choucroute, par Antoine Cretton, 2008, 10 minutes
Martigny gallo-romaine, par Antoine Cretton, 2009, 10 minutes
Adèle Ducrey-Gianadda, par Antoine Cretton, 2010, 20 minutes
La mémoire du cœur, par Antoine Cretton, 2011, 25 minutes
Le tepidarium, par Antoine Cretton, 2011, 23 minutes
Le visionnaire, par Antoine Cretton, 2012, 20 minutes
Annette, par Antoine Cretton, 2012, 73 minutes
Sam Szafran : Ni Dieu ni maître, par Antoine Cretton, 2013, 45 minutes
Repères, par Antoine Cretton, 2014, 14 minutes
Faire de sa vie quelque chose de grand, par Antoine Cretton, 2015, 90 minutes
Toute une vie, entretien avec Romaine Jean, RTS, 2018, 50 minutes
L'art dans la cité, par Antoine Cretton, 2018, 45 minutes
Le Temps du Partage, par Antoine Cretton, 2021, 45 minutes
Martigny, par Antoine Cretton, 2023

Les films d'Antoine Cretton sont consultables sur le site internet de la Fondation Pierre Gianadda :
https://www.gianadda.ch/collections/films/films_antoine_cretton/

Table des matières

The Sun is God	Léonard Gianadda	7
Remerciements		8
Avant-propos | *Foreword*	Maria Balshaw	9
The Sun is God	David Blayney Brown	11
Petits formats mais puissantes : les aquarelles « magiques » de Turner | *Small but mighty: the 'magic' Turner's watercolours*	Amy Concannon	27
Œuvres exposées | *exhibited works* :	David Blayney Brown	37
Mémoire, imagination et synthèse | *Memory, imagination and synthesis*		40
Mise en situation | *Setting the scene*		54
Lumière et atmosphère | *Light and atmosphere*		66
Une esthétique du sublime | *Luminous Sublime*		88
Face aux ténèbres | *Darkness Visible*		110
En regard de la nature | *Facing nature*		124
The Sun is God		136
Chronologie		143
Liste des oeuvres | *List of works*		147
Amis de la Fondation		155
Edités et coédités par la Fondation Pierre Gianadda		165
Crédits photographiques		171

Crédits photographiques

Toutes les œuvres ainsi que les photographies reproduites dans ce catalogue proviennent de la Tate :

Photos: Tate

À l'exception des reproductions suivantes :

© Fondation Pierre Gianadda : p. 7
© The National Gallery, London : p. 17, 20, 22
© The Metropolitan Museum of Art, New York : p. 21
© York Museum Trust : p. 30
© Look and Learn / Peter Jackson Collection / Bridgeman Images : p. 143
© National Trust Images / Andreas von Einsiedel : p. 145
© Ashmelean Museum, Oxford : p. 146

© Tous droits réservés également pour les textes et photographies qui ne seraient pas cités dans la présente liste.

2023, ProLitteris, Zurich

Commissaire de l'exposition
David Blayney Brown

Organisation de l'exposition
David Blayney Brown
Neil McConnon
Katie Chester
Laura Weill
Alexandre Colliex
Mary Linkins
Giulia Perlasca
Léonard Gianadda
Anouck Darioli

Catalogue
David Blayney Brown
Amy Concannon

Traductions
François Boisivon

Contribution éditoriale
Anne-Marie Valet

Éditeur : Fondation Pierre Gianadda, Martigny, Suisse
Tél. +41 (0)27 722 39 78
Fax +41 (0)27 722 31 63
http://www.gianadda.ch
e-mail : info@gianadda.ch

Maquette : Véronique Melis, Musumeci

Composition, photolito et impression : Musumeci S.p.A., Quart, 2023
sur papier couché mat gr. 150

Copyright :
© 2023, ProLitteris, Zurich
© Fondation Pierre Gianadda
  CH-1920 Martigny
ISBN 978-2-88443-176-7

Couverture : Joseph Mallord William Turner, *Départ pour le bal (San Martino)*, exposée en 1846, huile sur toile, 61,6 × 92,4 cm, acceptée par la nation dans le cadre du legs Turner en 1856. Photo: Tate